부동산 개발업과
건설업의 원가 관리

이 정 민

부동산 개발업과 건설업의 원가 관리

이정민 著

 한국학술정보[주]

서 문

　우리의 삶을 이끌어 주는 부동산건설업은 경제개발이라는 목표 아래 국가의 중요 산업으로 성장해 왔다. 정부는 경제개발을 위한 많은 정책들을 내놓았고 기업은 그 정책들 속에서 성장해 왔다.

　부동산건설업은 성장에 주력을 하다 보니 기술개발에 대한 투자나 경영원가관리 제도의 정비에는 다소 소홀히 한 면이 있었다.

1997년 IMF 구제금융에 들어가면서 금융 산업은 물론 부동산건설업도 부실한 업체들은 부도나 파산의 위기를 맞는 구조적인 대전환기를 맞게 되었다. 이런 상황에서 부동산건설업은 어려운 경제여건을 타파하고 성장 발전할 수 있는 경영관리 기법은 없을까 하고 고심하게 된 것이다.

　전통적인 원가관리 기법만을 계속적으로 사용할 경우 시대와 기술이 급속도로 변화하는 상황에서 부동산건설업은 심각한 경영난에 부딪칠 수 있는 요소를 많이 내포하고 있었다. 이에 본 저자는 부동산건설업의 재무구조를 튼튼하게 하고 지속적으로 성장하기 위해서는 어떤 원가관리방법이 유용한 것이며 어떤 관리 혁신이 있어야 하는가에 대한 방향을 찾고 생존경영에 필요한 활동기준원가를 제시하여 비용절감을 할 수 있는 방법을 찾아보게 된 것이다. 그 방법적인 면에서 부동산건설업의 특징은 수주금액이 확립된 상태에서 원가를 얼마나 절감 하느냐에 다라 이익이 달라지는 것을 알게 되었다. 이에 착안하여 프로젝트와 관련이 적은 간접비 등을 줄이는 새로운 원가 계산방법을 찾게 된 것이다.

활동기준원가 제도는 제조업에서 정확한 제품원가를 산정하기 위해서 도입되었던 것이고 이를 기초로 하여 건설업의 원가관리에 적용한 것이다

즉 활동기준원가개념을 단순한 원가통제가 아니라 경영혁신의 한 부분으로

제시하게 된 것이다.

　본 교재를 통하여 국내 부동산 건설업이 지속적으로 생존 가능한 경영기법을 배울 수 있고, 또한 경영난을 극복하는데 조금이라도 도움을 줄 수 있다면 그것으로 보람을 삼고 싶다. 건국대학교 부동산학과에서 처음으로 부동산학 박사가 되어 이 책을 세상에 출간할 수 있도록 도와주신 손재영 지도교수님을 비롯하여 여러 교수님께 감사드립니다.

이 책의 서문을 쓰자니 밤을 새워가며 학업에 열중하며 논문을 써가던 그 시절이 주마등처럼 스친다.

처음 학생들 앞에서 설레는 마음으로 분필을 잡으며 했던 그 시절 내 마음 속 다짐을 잊지 않으려 애쓰며 나로 인하여 부동산학에 대한 새로운 인식의 전환을 할 수 있는 단 한사람이 있다면 그것이 바로 나의 행복이고 성공이라고 말하고 싶다.

　끝으로 나의 박사학위 논문을 책으로 출간 할 수 있도록 도와주신 한국학술정보(주)임직원 여러분께 감사의 마음을 전합니다.

2006년 1월

부동산학의 발전과 미래를 생각하는 작은 연구실에서

이 정 민

목 차

표 목차

그림 목차

제1장 서 론

제1절 연구배경 및 목적

1. 연구배경

풍요롭고 여유 있는 삶을 위하여 경제개발이라는 목표 아래 부동산개발업 및 건설업은 국가의 중요한 산업으로 성장해 왔다. 정부는 경제개발을 위한 많은 정책을 내놓고 기업은 그 보호 아래 성장해 왔다. 부동산 건설산업도 성장에 주력을 하다 보니 기술개발에 대한 투자나 경영원가 관리제도의 정비 등은 다소 소홀히 했다. IMF 구제금융에 들어가면서 금융산업은 물론 부동산산업, 건설산업 등 많은 산업부문에서 부실한 경영업체들이 부도 및 파산의 위기를 맞는 구조적인 대 전환기를 맞게 된다.

특히 부동산개발업 및 건설업은 경영특성상 구조조정 퇴출대상에서 더 많은 시련을 겪은 것 같다. 토지공개념을 바탕에 두고 투기억제대책으로 도입되었던 부동산 신탁회사까지도 차입금으로 닳은 신탁개발사업을 수행하는 도중에 IMF 시기 자금난으로 파산에 이르게 되었다. 부동산건설 경영 측면에서 좀 더 철저한 관리와 현금 중시 경영이 되었어야 하는데 경영혁신이나 관리의식이 부족한 것도 파산원인의 하나였던 것으로 보인다. 또한 부실기업이 심각한 사회문제로 대두되었던 2001년에는 건설교통부에게 심각한 고민을 안겨준 부분이 건설관련 기업이었다. 건설교통부에 의하면 「2000년 말 총

39,802개의 건설업체 중 일반건설업체 2-3천 개를 포함하여 모두 1만여 개의 부실·부적격 업체를 건설시장에서 퇴출시킬 방침」이라는 발표도 있었다.[1]

대한건설협회에 등록된 일반 건설업의 자기자본비율도 좀처럼 개선되지 못한 것을 볼 수 있다. 1992년도부터 2002년까지 대한건설협회에 등록된 건설업체의 자기자본비율을 보면 연말 기준으로 20% 내외 수준이 되었고 1999년도 말에는 14.2%까지 감소했었다.

2000년부터 자기자본비율이 상승하기 시작한 것은 구조조정 과정을 거치면서 증자와 부채면제·탕감 등으로 재무구조가 좋아진 것이다. 재무구조가 계속적으로 개선되기 위해서는 경영관리의 끝없는 혁신이 필요하다고 생각하는바, 이 책에서는 경영관리의 한 방법으로 외부재무보고 목적에서 내부원가관리를 강화하는 방법을 찾아보고자 한다. 내부원가 관리대상이 되는 범위가 다양할 수도 있다.

그래서 부동산개발업 및 건설업에 있어서 원가는 공사에 직접 투입되는 원가를 포함하여 일반관리비용, 차입금에 지출되는 지급이자도 모두 공사원가에 한 구성부분으로 원가관리의 대상을 포괄적으로 보려고 한다. 내부원가를 지속적으로 관리하지 않으면 자기자본비율이 낮은 기업은 경영성과가 조금만 나빠지거나 외부금융기관에서 부채상환 압박이 있을 때 능동적으로 대처하지 못하고 부도 또는 파산에 도달할 수밖에 없는 상태가 된다.

건설업협회 등록업체의 부도비율 현황을 보면 1998년에 12.4%에 달했었다. 부동산시장은 과거 만성적인 초과 수요상태에서 도시 부동산 소유자는 계속적인 개발을 하게 되고 부동산개발은 수익의 창출 근원이 되어왔다. 그러던 것이 IMF 구제금융이라는 외풍을 만나 구조조정 속에서 생존경영을 배우게 된다. 수많은 건설업체가 부도라는 위기를 맞이하고 뼈아픈 고통을

---

1) 한국경제 2001. 1. 20.(토)

당했지만 아직도 부동산개발업 및 건설업의 관리혁신은 크게 변한 것이 없는 것 같다. 부동산 시장의 전반적인 흐름에 건설업체의 의존도가 높고 내부적인 힘에 의해서 자립할 수 있는 기술 및 위기에 대처할 수 있는 경영관리방법이 부족하게 느껴진다. 이제 내부의사 결정중심의 경영관리방법을 좀 더 세밀하게 계획하고 실행하여 위급한 상황에서도 합리적인 경영의사 결정을 할 수 있는 관리체계를 갖추었으면 한다.

부동산개발업 및 건설업의 특징이 수주금액(혹은 분양가격)이 확정되면 실행예산을 수립하고 경영원가 관리를 하였는데 기업의 입장에서 원가부분을 내부적으로 철저하게 관리한다면 절약가능한 부분이 많다고 생각된다. 확정된 수주금액(분양가격)에서 통제 가능한 원가를 줄여 프로젝트의 이익을 증가시켜 보고자 한다. 또한 원가관리를 위한 기업 환경도 많이 바뀌었다.

원가관리제도에도 과거와는 달리 경제 환경 급변에 따른 경제성을 요구하는 실정이다. 건설산업이 복잡화, 대형화 되어가면서 원가정보도 더 요구하게 된다. 사업초기 단계부터 건설사업비 조언에 대한 요구가 커지고 있고, 표준원가 활용제도 정립의 필요성이 커지고 있는 상황이다. 경영자에게는 신속한 의사결정을 할 수 있도록 전산화가 필요하다. 과거 원가관리는 사후 투입원가를 집계하여 실행대비 실적을 비교하는 데 집중하고 있었던 것에 비해 사전적인 정보를 많이 요구한다.

실행예산내역과 도급내역의 불일치 및 실행예산과 공정관리 활동의 불일치로 다른 기능들 간의 원활한 정보 공유가 어려운 상황이다. 건설업의 특수성으로만 간주하고 별도의 경영관리가 원활하지 못했다. 원가관리 관련연구도 조사대상이 편중되어 있거나 건설업의 특수성을 고려하지 않은 재무회계 즉 외부보고 목적에 적합한 원가개념으로 접근한 연구가 대부분이다.

문제는 통제 가능한 원가가 견적서를 작성할 때와 수주 후 실행예산을 수립할 때 그리고 경영 측면의 원가관리가 모두 일치된 관점에서 수행되지 못하고 있다는 것이다. 재경부서의 원가관리는 외부 재무보고 목적인 재료비, 노무비, 외주비, 경비 등 지출내역 중심으로 관리되고 현장에서 진행되는 일정관리와 예산은 현장중심으로 되어있어 경영관리 부서는 일정과 비용을 모두 합리적으로 관리하는 데 한계점이 발견되었다. 그러다 보니 어떤 공사에서 무슨 일을 하고 얼마의 자원이 사용되었는지 측정이 곤란하다. 따라서 공사종류별 정확한 원가를 산정하고 자체사업으로 할 것인지 외주가 공처리로 할 것인지 등 일정과 원가 측면에서 좀 더 정확한 관리가 필요한 상황이다. 이러한 한계점을 극복해 보고자 공사종류별 활동기준원가 (Activity-Based Costing)를 제시하고자 한다.

또한 이를 통하여 정확한 원가를 산출하고 외주업체에게 일정수준 품질을 유지하도록 하며, 지속적인 관리로 원가절감을 하려고 한다. 이제 활동기준원가(ABC)는 단순한 원가통제가 아니라 자원의 투입과 산출을 관리하는 경영관리차원에서 고려되어야 한다.

부동산개발업 및 건설업이 워낙 복잡 다양하고 프로젝트마다 추진 조건이 다른 이유로 해서 공정과 원가, 시간을 모두 통합한 표준화 전산화가 크게 발달되지 못한 상태이다. 이러한 배경으로 부동산개발업 및 건설업이 생존할 수 있는 경영관리방법은 어떤 것이 있는가를 살펴보고자 한다. 또한 경영관리의 방법으로 활동관리를 왜 해야 하는가 등을 살펴보고, 표준화·전산화를 유도하여 부동산개발업 및 건설업의 경영관리 혁신을 꾀하고자 한다. 이제 부동산건설업도 단순원가 관리에서 탈피하여 지속적인 관리기술을 발굴하고 관리능력을 축적해야 한다.

부동산개발업 및 건설업 경영이 지속적으로 성장유지되기 위해서는 끝없는 경영관리 혁신이 필요하다. 원가와 일정을 모두 관리하여 합리적인 경영

의사결정을 하도록 하고 투명한 원가관리가 되도록 해야 할 것이다.

2. 연구목적

기업을 유자·성장시키는 요인에는 외부적 요인과 내부적 요인으로 나누어 볼 수 있다. 기업 외부적 요인은 통제가 어렵지만 내부적 요인은 관리 가능한 것이 많다.

관리 가능한 부분을 찾아 지속적으로 개선하는 것이 필요하며, 경영에 필요한 정보가 표준화 되어 상호 의사소통이 원활할 때 기업의 생산성이 높아지고 그로 인해 기업가치도 상승하게 된다.

부동산개발업 및 건설업이 계속기업(Going Concern)으로 유지되기 위해서는 생존경영이 필요하다. 생존경영은 기업이 창업된 이후 지속적 유지 및 성장을 하기 위해서는 경영관리가 필요하고 이를 통하여 경쟁우위를 유지하면서 기업이 존속되도록 하는 것이다.

부동산개발업 및 건설업에 있어서 원가계산의 방법과 외부 재무보고 중심 관리 형태의 문제점을 살펴보고 활동중심 원가관리방법을 찾고자 한다.

활동기준원가(Activity Based Costing)는 제조업에서 제조간접비를 각 제품에 정확히 배부하자는 데서 시작되었다. 그러나 부동산개발업 및 건설업에서는 제조간접비 배부가 아니라 각 공사종류별 활동의 동인이 무엇이고 그 활동을 대신할 수 있는 방법들을 찾아 부가가치가 높은 활동을 실행함으로써 기업가치를 높이려고 한다.

현행 회계제도는 외부 재무보고 목적 중심으로 되어있어 내부관리를 위한 경영정보는 다소 부족하다. 외부 재무보고 목적 중심으로 관리하는 현 제도는 재료비, 노무비, 외주비, 경비로 구성되어 있어 정확한 통제점을 찾기가 어려운 구조이다.

부동산건설업의 회계제도가 주로 외부보고 목적에 맞추어지다 보니 이러한 현행제도가 관리기법 발전에 장애요인으로 되기도 한다. 기업입장에서 내부관리보다는 외부 재무보고 목적에 적합한 방법에 치중하는 결과를 가져왔다. 현재 현장에서 사용하는 실행예산 체계에 공정관리의 작업단위인 활동(Activity)을 추가함으로써 원가분류체계에 작업분류체계를 포함하는 활동기준원가(Activity Based Costing)제도를 도입하려 한다. 활동기준원가(ABC)에 근거하여 견적원가, 실행예산 편성과 경영원가를 통합하여 관리할 수 있는 통합시스템을 구축하여 운영하면 효율적인 경영관리 체계가 될 것이다. 견적원가, 실행예산 편성, 경영원가 관리를 통합한 시스템은 기업내부 통제에 유용할 것이고 회계의 투명성을 한층 높일 수 있을 것으로 보인다. 또한 활동기준에 의하여 공사종류별 책임시공을 도입하면 책임의식도 높아지고 원가관리도 동시에 달성 가능하리라 믿는다.

경영 원가계산 구조가 재료비, 노무비, 외주비, 경비 위주의 지출내역 중심에서 현장중심의 공사종류별 활동(Activity)단위로 전환된 회계시스템은 회계정보 이용자자에게 보다 정확하고 투명한 자료를 제공할 수 있을 것이다. 따라서 본 연구목적은 외부재무보고 목적 중심에서 내부경영자 중심의 회계제도를 강화하려고 하는 것이다. 연구목적을 정리하면 다음과 같다.

1) 부동산개발업 및 건설업의 공사원가구성 항목의 변화 추이를 보고 새로운 원가관리 통제점을 찾는 데 목적이 있다.

2) 원가관리 통제점을 찾기 위해 활동이 이루어지는 하부단위에는 어떤 것이 있으며 그 관련 범위를 찾아본다.

3) 활동기준원가를 실행함으로써 경영정보의 기준 및 회계 투명성을 제

고 시킬 수 있다. 또한 이를 통해 경영혁신의 계기가 될 수 있으며 활동중심의 경영관리가 되어 부동산개발업 및 건설업의 질적 수준을 높이고자 한다.

제2절 연구범위와 방법

1. 연구범위

부동산개발업 및 건설업의 특성을 살펴보고, 생존 경영의 이론적 고찰을 통해 기업의 구조조정과 아웃소싱이 어떻게 이루어지고 있으며 생존 경영을 위한 새로운 관리 혁신 전략은 어떤 것이 있는가 찾아보고자 한다.

내부 경영관리의 효율적인 통제점을 찾고 활동(Activity)에 의한 분류로 부가가치가 낮은 활동(Activity)은 제거하여 생산성이 높은 활동(Activity) 동인을 찾아 계속 유지 개발하고자 한다.

원가와 일정을 동시에 관리하는 활동의 동인을 살펴 기업이 지속적으로 가치상승에 주력하도록 하겠다.

광범위한 부동산업 중에서 주로 부동산개발업과 건설업의 경영관리 문제의 촛점을 두고 수집 가능한 기업의 사례로 내부경영원가자료 분석에 한정하였다.

내부정보의 유용성을 높이기 위한 활동에 의한 공사종류별 활동기준원가 방법을 찾고, 기존의 외부보고 목적인 원가관리방법과 비교하여 전략적 의사 결정에 필요한 활동을 제시한다. ABC의 핵심은 활동에 의한 동인을 찾고, 공사종류별 정확한 원가산출을 하여 경쟁력 있는 기업이 되도록 하는 것이다. 견적원가, 실행예산원가, 경영원가관리 모두 활동(Activity)에 의한 관리가 지속적으로 되는 경우는 끝없는 관리혁신으로 기업내부의 성장 잠재력을 높일 수 있고 기업의 생존경영이 가능해 질 것이다.

2. 연구방법

연구방법은 경영혁신 관련 문헌을 통해 경영혁신 방법을 고찰하고 건설업 손익분석 그리고 개별 프로젝트에서 얻은 원가자료를 수집 분석하여 실무에서 사용하던 경험을 토대로 공사종류별 활동의 적용 가능성을 도출한다.

부동산건설업의 경우 $\sum P$(수주금액)$-\sum C$(건설원가)$=\pi$(기업이익) 식에서 수주금액의 결정은 재무적요인과 비재무적요인이 복합적으로 영향을 주고 있어 기업의 입장에서 통제하기 어려운 부분이다.

그러나 건설원가는 기업내부의 활동을 사전에 표준화, 일반화시켜 관리 가능한 부분이 다수 존재한다.

기업의 이윤을 극대화하기 위해서는 아주 작은 활동의 개선, 원재료의 대체 활동, 시공방법의 연구 등 기초적인 개선 활동의 의지가 필요하고 이를 실천해야 한다. 활동의 변화를 파악하기 쉽게 하기 위해 현재 재무보고 중심회계에서 내부관리 목적 회계 중심으로 전환하여 분석하고자 한다.

〈정보제공 관리목표의 변화〉

재무보고 목적 정보관리	내부관리 목적 정보 확대
1. 외부 보고 중심의 원가계산 형태	1. 활동 중심의 원가를 파악하여 내부 경영자에게 유용한 정보 제공
2. 원가요소별 중심의 분석	2. 공사 종류별 혹은 부서의 업무 활동 내역별 중심의 정보 제공
3. 기업회계와 국세청 과세자료 확보에 관심이 큼	3 회계용어가 아닌 일반적인 용어로 쉽게 접근할 수 있는 정보 제공
4. 일반적 현행 방법	**4. 내부관리 정보 제공 형태**
재료비 ××× 노무비 ××× 외주비 ××× 경 비 ××× ---------------------- 총 공사 원가 ×××	토목공사 ××× 건축공사 ××× 설비공사 ××× 전기공사 ××× 공통가설공사 ××× ------------------------ 총공사원가 ×××

부동산개발업 및 건설업의 정보관리가 외부지향적인 정보제공에서 벗어나 내부지향적인 정보제공으로 전환하여 기업내부의 경쟁력을 향상시키도록 한다.

기존의 원가요소별 원가관리방법에서 현장중심의 활동과 원가중심으로 전환하여 정보제공을 하고 기업의 통제점을 찾아 지속적으로 공정을 개선함으로써 기업가치 극대화에 기여한다.

제3절 연구의 구성

제1장 서론에서는 연구배경과 목적 그리고 연구범위와 방법에 대해서 서술했다.

제2장에서는 경영혁신을 위해 부동산건설업의 특성을 고찰하고 생존경영의 정의를 살펴보았다. 부동산건설업의 구조조정과 아웃소싱은 무엇이며 경영원가관리혁신을 위해서는 어떻게 해야 하는지에 대한 이론적 고찰을 서술했다.

제3장은 건설업의 원가구성비율의 변화추이를 살펴보았다. 그리고 건설원가계산 관리의 목적과 체계를 살펴보았으며 건설원가관리의 문제점 및 개선방향을 도출한다.

제4장에서는 공사종류별 활동기준원가관리법의 등장 배경을 살펴보았다. 제조업에서 제조간접비 증가 추세에 따라 정확한 원가를 산출하기 어려웠던 것처럼 부동산건설업체도 정확한 활동주체를 알 수 없는, 원가요소별 지출관리에 한계를 느끼고 공사종류별 활동(Activity)에 의한 정확한 원가를 산출하자는 것이다. 전통적 재무보고 중심의 방법을 탈피한 공사종류별 활동기준 원가관리방법은 단순한 원가통제가 아니라 경영관리의 한 변화가될 수 있음을 서술한다.

제5장에서는 활동기준원가에 의한 사례분석으로 재무제표중심의 분석 공사종류별 원가표시의 사례분석을 예시한다. 공종별 원가계산 시 간단한 활동의 변화로 비용절감을 하는 사례를 예를 들어 나타냈다. 끝으로 제6장은 책의 결론과 한계점을 나타내고 있다. 책의 연구흐름도는 다음과 같다.

〈연구흐름도〉

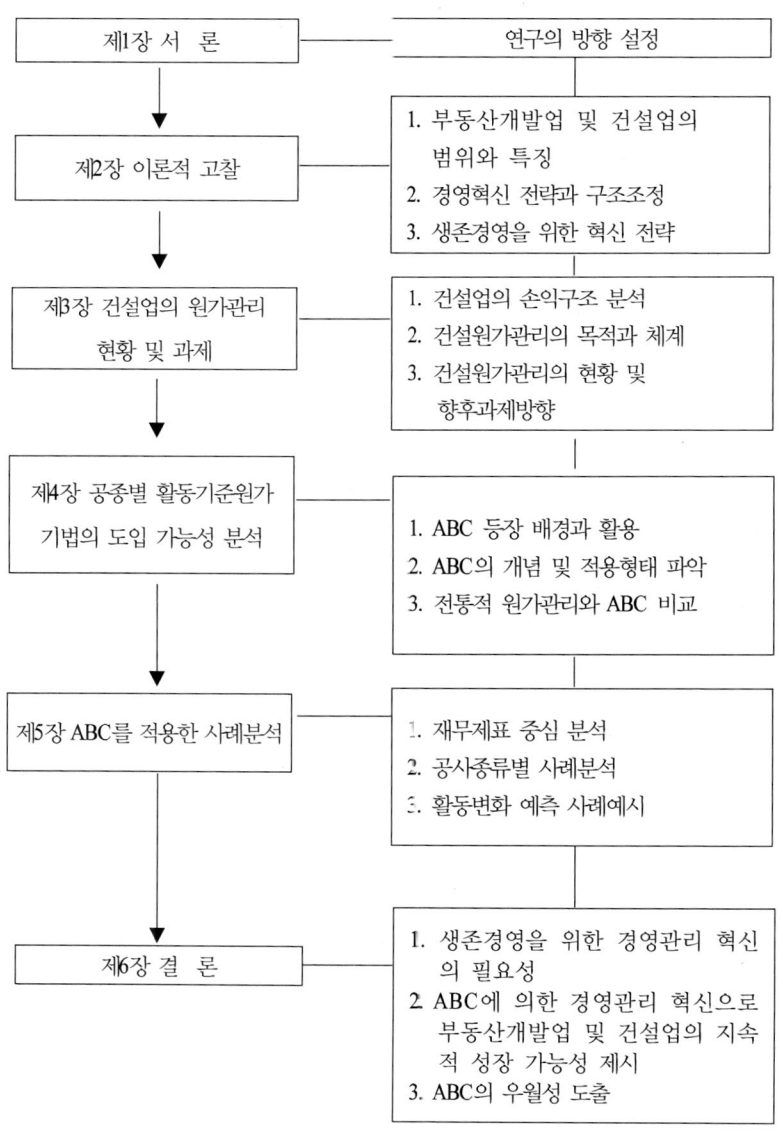

제1장 서 론 ── 연구의 방향 설정

제2장 이론적 고찰 ──
1. 부동산개발업 및 건설업의 범위와 특징
2. 경영혁신 전략과 구조조정
3. 생존경영을 위한 혁신 전략

제3장 건설업의 원가관리 현황 및 과제 ──
1. 건설업의 손익구조 분석
2. 건설원가관리의 목적과 체계
3. 건설원가관리의 현황 및 향후과제방향

제4장 공종별 활동기준원가 기법의 도입 가능성 분석 ──
1. ABC 등장 배경과 활용
2. ABC의 개념 및 적용형태 파악
3. 전통적 원가관리와 ABC 비교

제5장 ABC를 적용한 사례분석 ──
1. 재무제표 중심 분석
2. 공사종류별 사례분석
3. 활동변화 예측 사례예시

제6장 결 론 ──
1. 생존경영을 위한 경영관리 혁신의 필요성
2. ABC에 의한 경영관리 혁신으로 부동산개발업 및 건설업의 지속적 성장 가능성 제시
3. ABC의 우월성 도출

제2장 부동산건설업 생존을 위한
경영혁신의 이론적 고찰

제1절 부동산건설업의 범위와 경영특성

1. 부동산건설업의 범위

부동산건설업의 경영특징을 살펴보기 위해서는 먼저 부동산건설업의 범위를 살펴보아야 한다. 한국표준산업분류체계에 의하면 부동산업은 크게 부동산 임대 및 공급업과 부동산관련 서비스업으로 분류한다. 부동산업은 크게 <그림 2-1>과 같이 구분하고 있다.

〈그림 2-1〉 부동산업 분류[2]

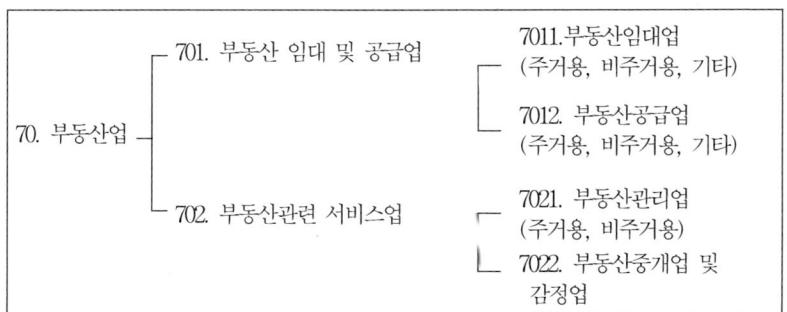

주) 부동산공급업에서 직접건설은 제외되나, 구입한 건물은 임대하지 않고 재판매하는 경우는 포함된다.

주) http://www.cobank.net/standard/industry

한국표준산업분류표에서는 비교적 단순하게 부동산업을 분류하고 있다. 부동산업을 기존 연구에서는 어떻게 분류했는가 살펴본다.

김영진 교수(1972)는 부동산업을 부동산거래업과 부동산공급업으로 구분하고 있다. 부동산거래업은 부동산중개업(부동산매매업 포함), 부동산서비스업, 부동산금융업, 권리보증업, 부동산임대업, 기타 부동산서비스업을 포함한다. 부동산공급업은 택지공급업, 주거용부동산공급업, 민간개발업, 비주거용 부동산공급업, 기타 부동산공급업을 포함한다.

이태교 교수(1985)는 부동산업을 부동산개발업과 부동산서비스업으로 분류하고 있다. 부동산개발업은 택지 조성분양, 주거용 주택분양, 비주거용 주택분양, 전원개발 분양 도시개발, 준설매립분양, 주거용 주택분양, 기타를 포함한다. 부동산서비스업은 부동산 임대, 관리 중개, 상담, 금융 감정평가 부동산 이행 대행, 권리 보증, 기타를 포함한다고 했다.

조주현 교수(2002)는 현행 부동산업의 산업분류는 지나치게 협소한 개념이라고 지적하고 있다. 부동산의 개발, 공급관리 등 개발과 관련한 전 과정과 이를 지원하기 위한 관련 서비스업으로 분류하는 것을 좀 더 타당하게 보고 있다. 특히 부동산개발업의 경우는 산업분류에서 그 위치가 모호하다. 따라서 부동산 서비스의 업무영역을 광의로 정의하고 있다.「부동산의 개발, 이용, 거래의 전 과정에서 제공되는 모든 종류의 서비스를 망라한다.」즉 부동산의 매매, 임대, 중개, 컨설팅 평가, 관리, 법률, 금융, 보험, 세무, 회계, 광고를 포괄하여 정의하고 있다. 우리나라 부동산업의 특색은 종합적인 서비스가 이루어지지 못하고 세부적인 전문영역별로 나뉘어 제공되는 특징을 지적한다. 즉 건축설계는 설계사무소, 건설시공은 건설회사, 분양은 분양 대행회사, 금융관리는 소유주, 중개는 중개업자가 각각 수행하고 있어 소비자 입장에서

---

2) 조주현, 부동산학원론, 건국대학교 출판부, 2002, pp.82-83.

는 종합적인 서비스를 받을 수 없고 불편하며 또한 종합서비스로 인한 효율성 달성도 기대하기 어려운 상황이라고 지적한다. 부동산업의 개방화, 규제완화로 인해 부동산업은 종합산업화의 추세로 나갈 것으로 전망하고 있다.

이렇게 부동산업을 다양하고 종합화로 본다면 현행 표준산업분류표에 의한 부동산업은 너무 협의로 다루고 있다고 지적 했다.

다음은 건설업의 범위를 살펴본다.

건설업이란 주택건설사업자 또는 도급건설공사를 수행하는 건설업자가 건설공사계약 또는 도급계약에 의거 여러 종류의 건설자재로 각 종류의 건축물을 신축, 증축, 개축, 보수, 해체 등을 하는 산업 활동을 말한다. 건설산업기본법에서 규정하는 건설업이란 건설공사를 수행하는 업을 말하며, 이는 토목공사, 건축공사 산업설비공사, 조경 및 환경시설공사 등 시설물을 설차유자보수하는 공사를 건설산업기본법 또는 다른 법률에 의하여 면허를 가지고 있는 건설업자가 건설공사를 완성할 것을 약정하고, 그 상대방에 그 일의 결과에 대가를 지급받는 행위를 말한다. 따라서 건설업이란 발주자의 주문에 따라 토목, 건축 및 이에 준하는 공사를 발주자와 합의된 계약조건에 따라 수행하는 일련의 영업 활동이라 할 수 있다.3)

한국표준산업분류표에 의하여 분류된 건설업은 계약 또는 자기계정에 의하여 지반조성 등을 위한 지반공사, 건설용지에 각종 건물 및 구축물을 신축증축 등을 행하는 것을 말하며, 이러한 건설 활동은 도급자영건설업자, 종합 또는 건물 건설업자에 수행되는 산업 활동을 말한다. 토목건설업이란 종합건설업자가 지반조성, 교량, 터널, 댐, 산업플랜트 등의 토목시설(건물 제외)을 건설하는 산업 활동을 말한다. 토목건설 활동과정에서 전문건설업자가 전문적으로 수행하는 포장공사, 철도궤도공사 등은 전문직별 공사업으

---

3) 함인범, 건설업 경리와 실무, (주)영화, 조세통람, 2002, pp.5-11.

로 분류한다. 건물건설업이란 도급 또는 자영 종합건설업자에 의하여 건물을 신축·증축·재축·개축하는 산업 활동을 말하며 조립식 건물의 건설 활동도 여기에 포함된다.

다만 다른 건설업체에 위탁하여 건설한 후 직접 분양하는 경우는 제외한다. 한국표준산업분류표의 건설업 분류를 보면 다음과 같다.

<건설업의 분류>

(1) 종합건설업(45)

지반조성공사 및 토목시설물의 건설공사를 수행하는 산업 활동 및 각종 건축물을 신축증축재축 및 개축에 관한 총괄적인 책임을 지고 건설 활동을 수행하는 산업 활동

·토목건설업－지반조성 및 용지조성공사업(4511)

토목시설물 건설업(4512)

·건물건설업－ 주거용건물건설업(4521): 단독 및 연립주택건설업(45211)·아파트건설업(45212) 비주거용건물건설업(4522): 사무실, 산업용, 기타 비주거용건물건설업

(2) 전문직별 공사업(46)

수수료 또는 계약에 의하여 토목시설 및 건물의 건설과 관련한 특정 부문의 공사를 전문적으로 수행하는 산업 활동

·토목시설물 및 건물축조관련전문 공사업

·건물설비설치공사업

·전기 및 통신공사업

주) www.ngo.go.kr/oracms/standard/industry.jsp (통계청)

주) 산업분류번호 451로 시작하여 45110(지반조성공사업)부터 46500(건설장비운영업)으로 업종이 세분화되어 구분

건설업은 토지에 의존되어 유형의 물건을 만들어서 제공하는 업으로 부동산과 아주 밀접한 관계에 놓인다.

부동산업과 건설업은 상호 의존관계와 보완관계가 복합적으로 이루어져 인간에게 보다 수준 높은 삶을 즐길 수 있도록 서비스를 제공하는 것이다. 한국 표준산업 분류표에서는 부동산업과 건설업을 구분하고 있다. 그러나 부동산개발업을 산업분류표에서 어느 한쪽으로 분류하기에는 다소 무리가 따른다. 부동산개발업과 건설업을 구분하기는 상당히 어려운 실정이다. 먼저 표준산업분류표에 준하여 구분해보면 다음과 같이 구분할 수 있을 것이다. 건설업은 발주자에 의해 도급을 받아서 공사를 하거나 자체 사업으로 직접 토지를 매입하여 건물을 지어 분양하는 건물 건설업을 의미하며, 부동산개발업은 부동산을 매입하여 그 사업을 기획하고 사업성 등을 검토하여 사업성이 있다고 판단되는 경우 사업을 추진하는데 이때는 주로 공사를 직접 하는 것이 아니라 도급을 주는 형태를 띠며 분양이나 임대 또는 자체 운영하는 업무나 일련의 과정을 사업시행자를 대신하여 일정한 보수를 받고 사업을 추진하는 것을 의미한다.[4] 이제 부동산개발업 및 건설업은 표준산업분류표에 의해서 구분하기보다는 포괄적 범위로 정의하는 것이 부동산건설업 업무 범위를 쉽게 이해할 수 있을 것이다. 부동산개발업과 건설업은 큰 범주에서 개발 주체가 직접 되는지의 여부와 직접공사를 하는지 아니면 외주를 주어 시행사가 공사를 진행하도록 하는 지의 차이를 갖고 있다. 시행사는 발주자로부터 도급을 받아서 공사를 하게 되므로 건설업의 한 부분으로 볼 수도 있다.

결국 부동산개발업의 주된 업무는 부동산의 구입, 사업성검토 사업시행자 업무대행 등을 들 수 있으며 이때 공사는 주로 외주업체에 맡기게 된다.(직

---

4) 윤영식, 부동산개발론 강의 교재, 건국대학교, p.49.

접공사를 할 수도 있다.) 부동산건설업의 주된 업무는 일반적으로 수주를 받아서 공사를 하는 데 시행사 역할을 대행하기도 한다. 그렇다고 해서 토지 등을 직접 구입해서 건설하는 업무를 전혀 하지 않는 것도 아니다. 부동산건설업을 하면서도 개발업을 할 수도 있는 상황이다.

따라서 부동산개발업과 건설업을 어떤 기준에 의거하여 사업의 범위를 구분하기보다는 이 양자는 부동산을 개발, 관리, 공급 및 사업성 검토 등을 일련의 과정을 지원하고 수익을 극대화 시켜나가는 부동산서비스업으로 보는 것이 타당할 것이다. 부동산업의 많은 부분 중에서 부동산개발업과 건설업도 넓은 의미의 부동산서비스업으로 보게 된다. 따라서 이 책에서는 광범위한 부동산서비스업 가운데 부동산개발업과 건설업(이하: 부동산건설업은 부동산개발업과 건설업을 말한다)을 중심으로 경영특징과 활동분석을 한다.

2. 부동산건설업 경영의 개념

부동산건설업은 토지의존도가 높고 토지를 자연 그대로 이용하기보다는 개발이라는 과정을 거치게 된다. 부동산개발에는 반드시 원가와 시간이 들어가는 데 투입되는 자원을 최소로 하여 산출물의 효익을 크게 하려는 노력을 찾을 수 있다. 부동산개발은 일반적으로 토지의 지표, 지하 공중에서의 건축공사, 토목공사, 기타 작업의 수행 등 유형적 행위만을 의미하는 개념으로 한정한다. 그러나 넓은 의미에서는 건축토목공사 등 물리적 작업의 수행뿐 아니라 본질적인 용도의 변경을 포함하는 뜻으로 사용되고 있다. 부동산개발의 개념을 옥스퍼드 사전에서 보면 "토지 위에 건물을 지어 이익을 얻기 위해 일정 면적의 토지를 이용하는 과정(The process of using an area of land especially to make a profit by building on it)으로 풀이하고 있다."5)

부동산개발을 토지 개발이라고도 하는데, 이보다는 좀 더 광의의 개념으로 토지와 개량물을 결합하여 실제로 운영하는 것을 뜻하기도 한다.6) 부동산개발은 사회적 배경과 시대에 따라 조금씩 그 범위가 확대된 것으로 생각된다. 초기에는 협의의 개념으로 토지개발을 부동산개발이라고 지칭하였고, 최근에는 토지와 개량물을 결합하여 인간 활동에 유용하게 사용되고 운영할 수 있는 부동산을 생산하는 것을 부동산개발이라 한다.

토지를 개발하여 새로운 도로, 건축물을 신축하거나 제공하게 되면 여기에는 필연적으로 일정(시간)과 원가(돈)가 들어간다. 시간과 원가가 발생되면 부동산건설업은 경영을 보다 효율적으로 하기 위한 여러 가지 방법을 모색하게 된다. 부동산건설업(부동산개발업과 건설업을 의미함)을 부동산개발 공급 및 일련의 서비스업으로 보았기에 이하에서는 부동산건설업을 운영하는 조직체가 지속적으로 유지 성장, 발전할 수 있도록 이끄는 것을 부동산건설업 경영이라 한다. 부동산건설업 경영에는 다음의 의미가 포함되어 있다.

(1) 부동산건설업은 토지, 도로, 주택, 건물 등을 생산하는 서비스업으로 볼 수 있다.

(2) 경영이란 목적을 달성하기 위하여 인적, 물적, 지적 자원을 계획, 조직, 지휘, 통제하는 일련의 과정을 의미한다. 즉, 경영은 다른 사람과 함께 또는 다른 사람을 통해 일을 효율적이며 효과적으로 수행하는 과정을 말한다. 여기서 효율성이란 투입과 산출과의 관계를 의미하며 자원비용의 최소화와 관련된 것이다. 즉, 효율성은 '일을 올바르게 수

---

5) 윤영식, 부동산개발론 강의교재, p.2.
6) 안정근, 현대 부동산학, 법문사, 1995, p.320.

행하는 것'을 말한다. 효과적이란 말은 '올바른 일을 수행하는 것'을 말한다. 따라서 효율적이라는 것은 수단과 관련된 것이고 효과적이라는 것은 결과와 관련된 것이라 할 수 있다.

(3) 결국 부동산건설업 경영이란 여러 종류의 건설자재로 각 종류의 시설물을 생산하는 과정에서 효율적으로 수행하기 위한 것을 의미한다. 따라서 부동산건설업 경영이란 의미는 인적·물적 자원을 결합하여 부동산을 개발 공급하여 이윤을 추구하는 것이라 할 수 있다.

부동산건설업이 이윤을 얻고 계속 기업으로 존속하기 위한 건설경영은 효율성을 수단으로 삶의 질을 개선해야 한다. 최소의 자원으로 토지, 주택, 건물 등을 생산·분배하는데 이 과정에서 철저한 내부관리에 의해 부실시공을 방지하고 일정과 원가를 고려한 프로젝트 이윤을 극대화하여, 기업가치를 높일 수 있도록 하는 것이 건설 경영 활동이라 할 수 있다.

건설경영 활동과정을 그림으로 나타내면 <그림 2-2>와 같다.

〈그림 2-2〉 건설경영 활동

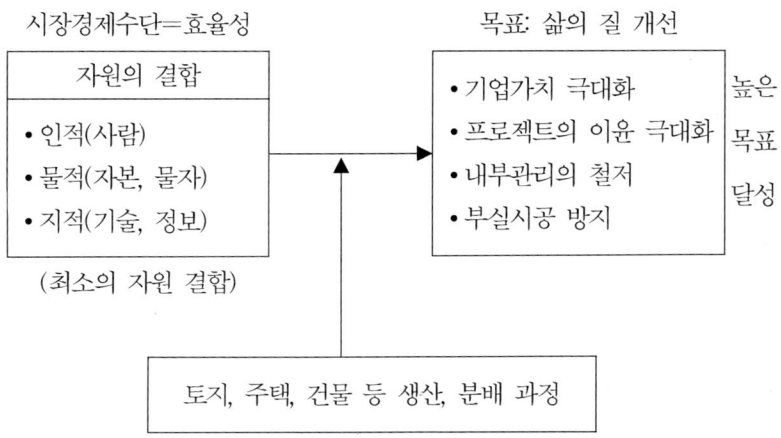

토지 주택 건물 등을 생산 분배하는 과정에서 기업가치를 극대화하기 위한 노력으로 건설업에 경영의 여러 기법을 접목시켜 가는 것이 건설업 경영 활동이라 할 수 있다.

3. 부동산건설업의 경영특징

부동산건설업(부동산개발업과 건설업 포함)은 토지, 도로, 주택, 건물 등을 생산 서비스하는 것으로 그 주된 경영 활동은 부동산을 취득, 보유, 활용, 처분하는 활동을 포함하여 토지, 주택, 건물의 생산, 분배과정을 통하여 이익을 추구한다. 이런 부동산건설업의 경우 토지의존도가 높고, 수주를 받아서 공사 대금을 집행하는 등의 이유로 나타나는 몇 가지 경영상의 특징이 있다.

여기서는 주로 대한 건설협회에 등록된 건설업체를 중심으로 하여 언급한다.

1) 건설업은 먼저 공사를 수주한 후 직접적인 생산 활동인 건설 활동이 이루어지므로 선생산·후판매하는 제조업과는 다른 특징이 있다. 즉, 선수주 후공사의 형태이다.

2) 건설업은 국가의 기간산업으로서 국가의 경제성장을 뒷받침하므로 국가 전체의 경제정책과도 관련이 컸다. 건설업은 경기조절 기능을 갖기도 했다.

3) 건설업은 초기에 대규모 투자가 이루어지고 자금회수는 장기적으로 이루어진다.

4) 타 산업에 비해서 현금흐름의 변동이 컸다.

5) 건설업은 주문생산의 특징과 일정기간 동안 공사를 끝내야 하는 특징이 있다.

6) 부동산건설업은 선분양성 및 미분양의 특징이 있다. 차입금 비중이 큰 주택사업의 경우 완공 후 미분양으로 남는 경우에는 유지관리 활동 대비 생산 부가가치가 낮아 기업에 미치는 손실규모가 크다.

   특히, 차입금이자 부담이 미분양 상태에서도 지속적으로 지출되어야 하므로 수입은 없고, 비용이 증가하는 추세에 놓이게 된다.

7) 부동산건설업은 자동화, 표준화가 어려운 산업 중에 하나이다. 또한, 착공시기 및 생산주기가 타산업보다 장기적이기 때문에 계절의 영향을 심하게 받는다. 부동산건설업은 토지의존도가 높고, 생산기간이 장기라는 특징 등이 있어 타산업과는 여러 가지 면에서 그 특성을 갖고 있다.

또한 건설업협회에 등록된 건설업체를 중심으로 하여 그 특징을 보면 다음과 같은 것이 있다.

(1) 기업규모와 자본금 규모가 작다.

2002년 말 기준으로 등록된 업체 10,110개 중 소기업으로 분류된 기업이 9,748개 업체로 전체 96%를 차지한다. 소기업은 중소기업 기본법 2조에 의한 분류로 상시 종업원 수 50인 미만을 말한다. 부동산건설업은 토지의 취득 및 건물 신축에 따른 자금이 많이 소요 되는데 자본금 규모가 20억 원 미만인 업체 수가 9,286개로 91%에 달하고 있는 실정이다.

(2) 폐업율과 이직률이 높다.

IMF 전후를 비교해 보면 '96년도에는 건설업체 수가 3,322개로 '95년도 2,841개 업체에서 481개 업체 증가로 전년대비 16%가 증가 하였다. 그러나 '97년 말에는 3,351개 업체로 29개 업체 증가에 그쳤다. '97년도에는 부도업체도 291개가 있었고 98년도에는 522개 업체가 부도처리 되기도 하였다. 일반업체와 부도율을 년도별로 비교해 보면 건설업 부도율이 다소 높게 표시되고 있다. <표 2-1> 부도율 현황을 보면 다음과 같다.

(3) 부동산건설업은 타인자본 의존도가 높았다.

다른 산업보다도 부동산건설업은 자기자본이 낮은 관계로 타인자본 의존도가 높아왔던 특징을 보이고 있다.

부동산건설업의 자기자본 비율을 보면 <표 2-2>와 같다.

〈표 2-1〉부도율 현황

(단위: %)

비율＼년도	'92	93	'94	'95	'96	'97	'98	'99	'00	'01	'02	'03	비 고
일반업체 부도율	0.12	0.13	0.17	0.20	0.17	0.52	0.52	0.43	0.39	0.38	0.11	0.17	부도율은 연말 기준임
건설업 부도율	1.4	3.0	1.9	4.9	5.5	7.5	12.4	2.2	1.7	0.7	0.4	1.1	
건설업 부도업체 수	23	49	50	145	196	291	522	112	132	78	48	139	

주) 일반업체 부도율-'한국은행 통화금융 통계' 참고작성
　　건설업체 부도율-대한건설협회, 건설경영 분석자료 참고작성

'98년도를 기점으로 부도율이 점차 낮아졌으나 여전히 일반 업체보다는 부도율이 높게 나타났다. 기업 부도에 따라 종업원도 이직률이 높게 나타나는 특징을 보인다.

〈표 2-2〉자기자본 비율 변화 추이

(단위: %)

비율＼년도	'92	93	'94	'95	'96	'97	'98	'99	'00	'01	'02	제조업 (2002)
자기자본비율	18.7	20.5	20.3	18.5	17.4	14.9	18.6	14.2	25.5	31.1	34.4	42.5

주) 건설업 경영분석, 대한건설협회 참고, 2002년 재작성.

'99년 이전에는 자기자본 비율이 20% 내외에 머물렀다. 2002년에 와서야 자기자본 비율이 34.4%에 달하게 되었는데, 부채탕감면제 등을 통한 구조조정을 거쳐서 자기자본 비율이 증가하게 된 것이다.

(4) 부동산건설업체는 규모가 작고 겸업업체가 많은 특징이 있다.

(5) 자본의 영세성으로 경영관리 개혁도 쉽지 않다. 부동산건설업은 부동
산이 갖는 각각의 특수성으로 말미암아 표준화가 늦어졌지만 가장
큰 특징은 자기 자본이 적고 영세하다는 것이다. 자본의 영세성으로
경영관리 수준도 낮고 몇몇 대형건설업체에 의존하여 수주에만 급급
하고 질적 개선에는 별로 신경을 쓰지 못한 형편이다.

부동산건설업이 갖는 이런 특징을 극복하고 건실한 기업이 되기 위
해서는 건설업의 경영인식이 새로워질 필요가 있다.

새로 건설된 건물, 도로, 교량, 주택 등을 보고 우리는 무엇을 생각할까?
'참 좋다', '멋지다', '부실공사를 한 것은 아닐까' 등을 가끔은 걱정한다. 건
설 활동의 결과적 산물인 건물(시설)자체만을 볼 경우, 그것은 외적미관, 설
계 및 시공회사의 신뢰도, 투입공사비, 공사기간, 사용자재 및 설비의 질적
수준과 시공 과정에서 도입된 기술, 공법의 우수성에 근거하여 평가된다.[7]
결과 위주의 사후평가는 건설과정 즉 시공과정에 나타나는 활동을 생각하
지 못한 평가가 된다. 건축주, 도급자, 그리고 계획, 감독, 시공 등의 실무
작업 종사자는 건설 과정에 직면하는 가장 현실적인 문제는 "원가"에 관한
것이 대부분이다. 원가문제가 심각한 상황에서 가장 바람직한 문제해결 대
안은 원가절감과 품질 향상 노력이다. 어떤 활동(Activity)에 사용된 일정과
비용을 체계적으로 관리해야 할 필요성이 커지고 있다.

'건설과정과 결과'를 생각하면서 문제해결을 추구하는 '과정 지향적 접근
방식'으로 건설경영을 생각해야 한다.

기업의 이익만 추구하는 건설경영은 시공의 부실을 가져오기 때문에 건

---

7) 김인호, 건설경영, 기문당, 1999, pp.7-19.

설경영에서는 일정(시간)과 원가를 고려한 활동(Activity)에 의한 과정을 중요하게 생각하고 건설과정을 표준화시켜 나가야 할 것이다.

건설경영에 필요한 관리기법의 개발을 꾸준히 추진하여 관리기법이 건설운영기법으로 정착되도록 하여야 할 것이다. 개발된 관리기법은 일정(시간), 비용(원가) 및 품질을 최적의 상태로 관리하여 건설원가를 관리해야 한다. 건설원가의 관리란 제한된 자원(실행예산)으로 원가절감, 혹은 원가조절이 가능토록 하는 것이다. 원가절감은 가치공학(Value Engineering) 측면에서 목표원가를 달성하기 위한 것이다. 확정된 수주금액(P)에서 일정한 이익(π)을 확보하기 위해 달성해야 하는 원가를 목표원가라 할 수 있다. 수식으로는 다음과 같이 표시할 수 있다.

$$\lceil 목표원가(C) = 수주금액(P) - 적정이익(\pi) \rfloor$$

여기서 목표원가는 해당 프로젝트를 완성할 때까지 허용된 원가를 가지고 최적의 비용으로 달성하도록 목표치를 세워둔 것을 의미한다. 해당 프로젝트 가치를 그 기능과 비용의 관계로 표시하면 원가절감을 보다 쉽게 이해할 수 있다. 원가절감이란 기능을 키우고 총비용을 낮춤으로써 가능한 것이다. 혹은 기능은 일정하게 유지하면서 비용을 낮추는 것을 의미한다.

건설업의 원가관리 문제는 착공전의 예산 계획단계의 것과 착공 후의 원가조절단계로 나누어 볼 수 있다.[8] 착공 전에는 표준원가 설정으로 원가절감이 주로 이루어진다. 원가조절은 몇 가지 단계를 거치게 된다. 공사의 실제 수행과정과 그 과정에 필요한 비용의 지출을 분석하고, 이러한 분석을 통하여 문제가 있는 영역을 바로 잡아서 원가를 조절하고 그 문제에 대응

---

8) 쇼오지미키오 외1 편저 지상욱 옮김, 건설매니저먼트 원존, 한림출판사, 1997.

할 수단을 검토하는 것이다.

부동산건설업은 사업현장마다 주어진 환경이 다르고 소비자의 욕구로 다양한 가운데 공사품질을 유지해야 하므로 건설업에도 표준화 또는 규격이 필요하다.

건설업의 표준화는 도면과 시방서에 표시되는 내용에 따라 자재의 규격과 시험의 내용 등 제요소가 현장 생산에 적용되고 또한 건설비용과도 직결되며 현장을 점검할 때 점검자의 기준이 되기 때문에 매우 중요하게 생각된다. 다양한 프로젝트이지만 표준화를 적용만 할 수 있다면 표준화에 따르는 몇 가지 효과도 예측해 볼 수 있다.9)

첫째, 산업에 미치는 효과로는 자재의 대량생산이 용이하여 체계적인 생산관리와 원가절감이 가능하여 자재의 가격 및 수급안정으로 산업의 육성과 선진화 촉진에 유리하다.

둘째, 기술적인 효과로는 공장에서 생산된 부품이나 자재의 현장가공 시절단하여 버리는 자재를 최소화하여 조립함으로써 정밀 시공이 가능하고 건축물의 품질을 향상시키게 된다. 또한 건축생산의 양산과 공업화가 용이하게 되어 체계적인 치수의 적용으로 설계 작업의 효율성을 높일 수 있다.

셋째, 자원의 절약 및 환경보호 효과가 있다. 자재나 부품의 호환성 증대로 시설물의 유지관리와 보수가 용이하고 건축물의 기능유지 및 수명이 길어지며, 건축에 투입되는 자원의 총체적 절감 및 자재 생산에너지 절감을 통한 환경보호의 최소화를 기대할 수 있다. 한편 국가에너지인 건설자원의 적절한 배분을 통하여 적재적소의 이용도 기대할 수 있다.

넷째, 경제적 효과로서, 하나의 일에 동시다발적인 인력이 투입되지 않으

---

9) 송재웅, 건설산업관리, 기문당, 2001, pp.40-43.

므로 인력비와 자재비의 절감을 기대할 수 있고 시공 향상을 통하여 공사 투입비를 줄일 수 있다.

건설 환경 개선에 필요한 당면 문제들은 많지만 표준화는 특히 설계와 시공의 가장 기초적인 요소로써 모든 일에 건설의 기준과 기본이 된다. 그러나 국가 기준인 표준화 체계가 현행 법규 내에서는 설계 및 자재의 표준화를 정착시킬 수 있는 규정이 미흡하고, 특히 KS 표시품 사용 의무의 제도적 장치가 자재 치수 표준화보다는 성능의 표준화 위주로 되어있다.

부동산건설업에서 이윤을 극대화하기 위해서는 이제 부동산건설 경영의 중요성을 인식하고 원가절감과 원가조절을 통해 지속적인 성장과 기업 유지 방법을 탐색해야 한다. 부동산건설경영은 주어진 상황에서 제약된 자원으로 최대의 효과를 올릴 수 있도록 인적물적 자원을 결합하여 지속적인 경영혁신을 추구해 가도록 해야 한다.

제2절 기업의 경영혁신 전략

1. 경영혁신 전략과 구조조정

기업 외부 환경이 급변하면서 이에 대응하지 못하는 기업은 도태되거나 파산하는 데 걸리는 시간이 점점 짧아지는 것 같다. 외부 환경이나 조건은 스스로 통제하기가 무척 힘든 부분이다. 따라서 경영혁신 전략은 확고한 전제조건 아래 추진해 나가야 한다.

경영혁신 방법은 무수히 많다고 생각되는바 모든 기업에 적용가능한 단 하나의 경영혁신 방법은 없다고 본다. 다만 기업이 영속적으로 유지되기 위해서 반드시 인식해야 할 것이 있다.

첫째, 기업은 창업하는 것보다 계속적으로 운영하는 영속성(Going Concern)이 중요하다. 기업에는 인적물질자원이 계속적으로 결합하여 운영되는 조직체로서 조직구성원의 생활기본을 제공하는 장소이기도 하다. 이런 기업은 어떠한 악조건이 되더라도 계속적으로 유지될 수 있는 방안을 찾아야한다.

둘째, 기업이 영속적으로 존재하기 위해서는 경영혁신의 실천이 중요하다 단기적인 기업 경영목표를 이루는 것보다 장기적으로 기업에 자본과 기술을 성장시킬 수 있는 경영혁신의 실천이 중요하다.

셋째, 경영혁신의 새로운 방법과 종합적 접근은 기업 경영혁신의 개별 단위의 방법보다 중요하다. 기업이 이러한 기본적인 생각을 갖고 지속적으로 변화를 추진해 나가면 반드시 기업은 생존경영을 위한 혁신 전략을 찾을 수 있을 것 이다.

기업이 이제까지 반복적, 습관적으로 했던 업무를 새로운 접근방법에서 이 업무가 꼭 필요한 활동(Activity)인가 생각해 보고 불필요한 것은 과감히 정리할 필요가 있다.

부동산 건설기업이 새로운 기업의 역량을 찾아 새로운 가치를 실현하고자 한다면 우선 기업 활동 목적의 변화를 가져와야 한다. 경영혁신의 목적을 양적 성장이 아닌 질적 성장경영을 추구해야 한다. 또한 건설업의 특징이 수주금액이 확정된 다음 공사가 진행됨으로 시장 점유율을 높이기 위해 너무 낮은 가격으로 수주 공사입찰에 응하면 기업도 손실이 크고 사회적으로도 부실공사를 가져올 확률이 크다.

기업이 시장경쟁에서 생존하기 위하여 시장점유율을 높이고 그 결과 수익성을 높이고자 한다면 생존원리를 인식하여 지속적인 전략우위와 경쟁우위를 확보해야 한다.

기업의 생존원리란 생산자 입장에서는 생산원가보다는 제품가격이 커야하고, 소비자입장에서는 제품의 가치가 제품의 가격보다 커야 하는 생존 부등식이 성립하게 된다.

〈그림 2-3〉 변화된 기업의 생존원리

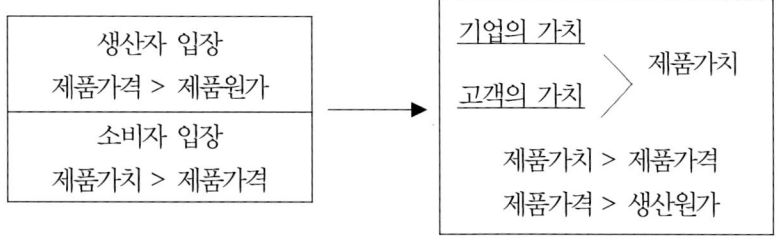

기업이 고객과 함께 존재해야 하는데 기존 생존 부등식은 생산자와 소비자 입장에서 각각 접근을 하였다. 이제는 기업의 가치와 고객의 가치를 같은 위치에 놓고 생산자와 소비자가 다함께 만족하는 경영이 되어야 한다.

경영혁신 전략은 지속적이고, 지금까지의 방법보다는 더 발전된 개념으로 접근 되어야 한다.

기업이 급변하는 환경에 적응하고 생존경쟁에서 살아 남기위해 여러 가지 방법으로 기업의 경쟁력을 높이고 있다.

우리는 IMF라는 계기를 통해 대부분 기업들이 경쟁력을 인식하여 구조조정에 착수하게 된다. 한국기업이 구조조정을 하면서 나타난 몇 가지 특징이 있다. 그동안 정부의 지원과 보호도 성장해 온 대부분의 기업은 구조조정의 경험이 많지 않아서 어디서부터 구조조정을 해야 하는지 제대로 인식을 못하면서 실행했다. 또한 우리의 가부장적 온건주의도 기업경영에 반영되고 있었다. 경영자의 리더십 결여와 직원에 따른 조직 동요 등이 구조조정 과정에 나타난 몇 가지 특징이다. 기업 내 구조조정만으로는 기업가치를 증대시키는 데 한계가 있었다. 또한 하나의 기업이 구매, 생산, 판매, 기술 등 모든 면에서 최고의 경쟁력을 갖춘다는 것은 거의 불가능하며 타 기업의 강점을 흡수하여 자신의 약점을 보완해야 할 것이다. 이렇게 하기 위해서는 경쟁사와 손을 잡거나(제휴), 아예 합병(M & A) 또는 업무의 일부를 외부에서 수행(아웃소싱)하게 된다. 구조조정의 분류를 그림으로 표시하면 다음과 같다.

〈그림 2-4〉 구조조정 형태

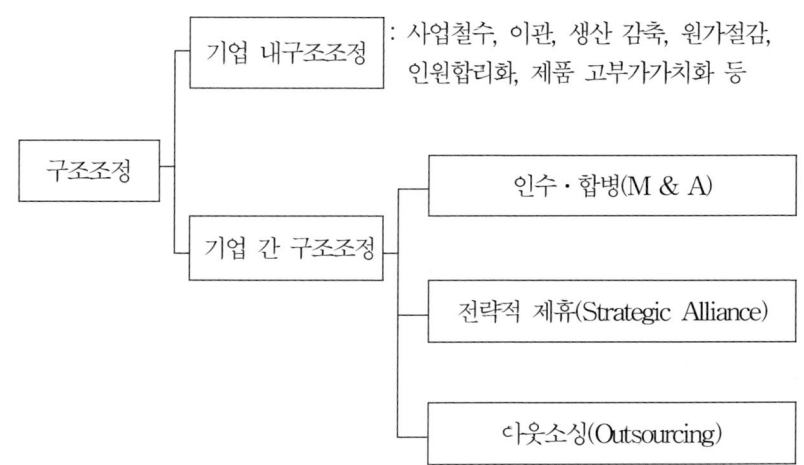

모든 기업이 구조조정을 한다고 하는 것은 이를 통해 기업가치를 높여 보고자 하는 것이다. 부동산건설업도 예외가 아니다. 부채비율이 높고 그동 안 외형적 성장을 추구하던 건설업도 IMF 이후 급진적으로 구조조정에 나 서고 있는 현실이다.

부동산건설업에서도 기업가치를 극대화하기 위해 기업마다 핵심역량을 기 준으로 구조조정(Restructuring)을 하게 된다. 이때 기준이 되는 핵심역량이란 아마도 그 기업에서 제일 큰 부가가치를 창출하는 활동을 중심으로 결정하게 된다. 중심이 되는 활동을 파악하고 단기적으로는 프로젝트의 이익을 극대화 하는 경영혁신의 효율성과 효과성을 달성할 것이고 장기적으로는 기업가치 를 극대화시키는 활동을 중심으로 핵심역량을 성장시켜 나가야 한다.

활동 중심으로 경영혁신의 효율성과 효과성을 위해 추진하는 순서는 궁 극적으로 기업가치를 극대화하는 것으로 그 과정의 순서를 지켜야 할 것이 다. 부동산건설업 부문에서 구조조정은 경쟁력을 높이고 기업가치를 향상시 키기 위한 것이다. 경쟁력을 갖추고 기업가치를 높이는 과정에서 구조조정 을 해야 한다.

구조조정이란 모든 시스템과 모든 조직을 변화시켜 궁극적으로 기업가치 를 높이는 과정이라 할 수 있다. 기업 내 구조조정의 올바른 순서는 사업구 조조정→재무구조조정→제품구조조정→시장구조조정→조직구조조정→인력 구조조정→비용구조조정→손익구조조정 순서로 진행되어야 한다. 그런데 우 리의 현실은 어떠했는가를 살펴본다. 우리나라 기업의 잘못된 구조조정 순서 로는 인력구조조정→조직 통폐합→제품구조조정으로 진행하며 인력해고, 급 여나 상여금의 삭감을 구조조정으로 잘못 인식했고, 실제로 많은 기업들이 그 수준에 있을 것이다. 구조조정의 근본적인 목적은 시너지 효과(Synergy Effect)이다.[10] <그림 2-5> 구조조정의 당위적 측면을 나타낸 것이다.

〈그림 2-5〉 구조조정의 올바른 순서(당위적 측면)11)

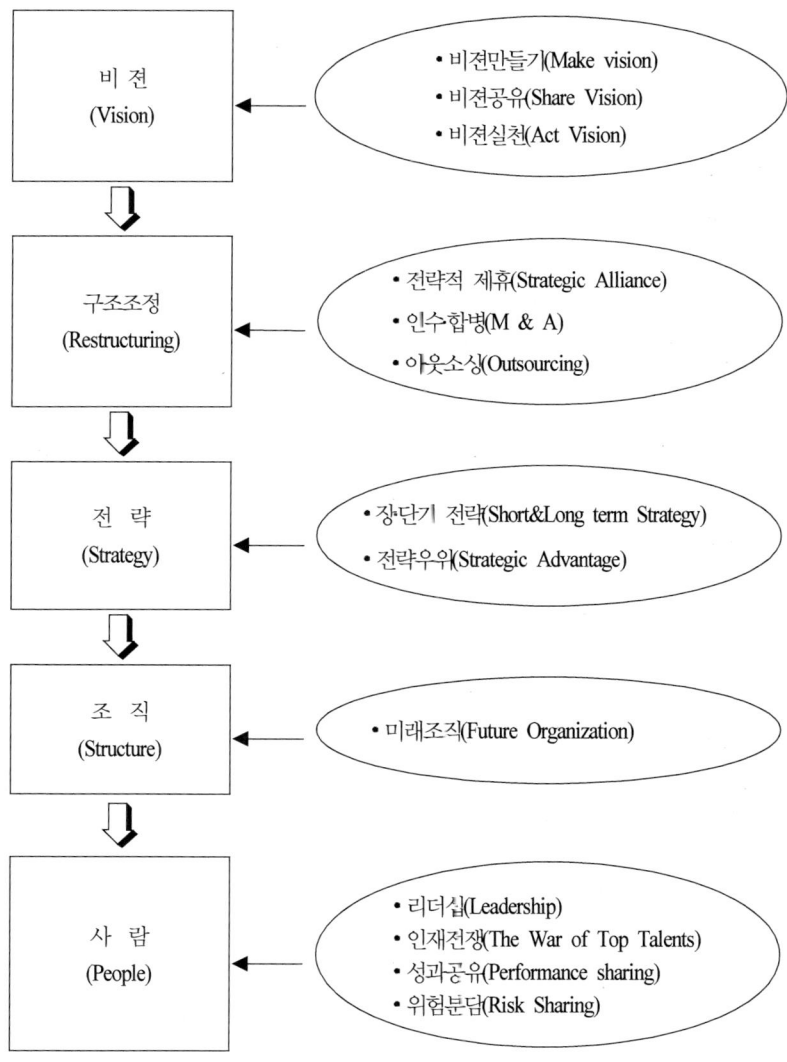

10) 조동성, 경제 위기에서 벗어나는 길, 도서출판 서울경제경영, 1998.
11) 삼성경제연구소(1998), CEO Information 제129호.

당위적 측면에서 구조조정은 무엇보다 기업의 목표 즉 비젼(Vision)제시이다. 기업의 목표가 분명한 다음 구조조정과 전략이 나오고, 그 조직에 맞는 구성원을 둠으로써 시너지 효과를 얻게 되는 것이다. 당위적 측면의 구조조정과 우리의 현실은 거의 일치하지 않고 있었다. 당위적 측면의 구조조정과 우리의 현실은 반대로 진행되고 있었던 것이다.

부동산건설업 부문에서도 시너지 효과를 얻기 위해서 보다 더 철저한 활동을 분석하고 구조조정이 이루어져야 할 것이다.

기업구조조정과 함께 아웃소싱이 시너지 효과를 얻는 데 큰 역할을 한다. 아웃소싱이란 자신이 수행하는 다양한 활동(Activity) 중 전략적으로 중요하면서도 가장 잘 할 수 있는 분야나 핵심역량에 모든 자원을 집중시키고, 나머지 활동들은 가장 뛰어난 외부업체에 위탁함으로써 기업의 경쟁력을 제고시키는 전략이라 할 수 있다. 즉 네트워크(Network)를 통해 자사의 핵심역량을 공급업체의 핵심역량과 상호 연계 시켜 시너지효과를 극대화시켜 나가는 전략이다.

부동산건설업 부문에서 아웃소싱은 경영자원을 주력업무에 집중시키고, 전략적 지위를 획득하기 위해 종래 사내에서 수행하던 업무를 외부자원을 이용하여 처리하는 것을 말한다.

아웃소싱은 비핵심역량 부문의 아웃소싱과 핵심역량 부문의 아웃소싱으로 분류할 수 있는데 비핵심역량 부분의 비용절감형인 아웃소싱이 가장 일반적인 형태이다.

2. 재무적 측면의 경영혁신 전략

자기자본 비율이 낮고 유동자금이 부족한 건설업은 재무적 측면에서 혁신 전략이 중요하다. 현금을 중시하는 재무 전략이 필요한 시기이다.

현금흐름 경영(TCM: Total Cash Flow Management)이란[2] 기업의 생존을 위하여 단기적으로는 유동성을 확보하고 장기적인 발전을 위하여 기업가치를 높이는 전사 차원의 활동을 말한다. 즉 단기적으로는 현금의 보유를 극대화하여 현재의 현금흐름을 원활하게 유지하고 장기적으로는 미래 현금흐름의 절대량과 속도를 최대화하는 경영 방식이다.

일시적인 자금부족도 기업을 파산으로 몰고 갈 수 있기 때문에 현금흐름 경영이 강조된다.

국내기업의 경영패러다임들은 매출손익위주 경영에서 현금흐름 위주의 경영 패러다임으로 전환해야 한다. 그리하여, 유동성을 확보하고 글로벌스탠더드(Global Standard)에 적응할 수 있고, 기업가치를 향상시킬 수 있으며 경영의 글로벌화(Globalization)가 가능하다. 미국기업은 1980년대부터 현금흐름 중시경영을 시작했다. 기존경영방식과 새로운 변화를 비교하면 <표 2-3>과 같다.

〈표 2-3〉 경영 패러다임(Paradigm)의 변화 방향

기업 전략	기존경영방식	최근변화
	성장 전략	성숙 전략
기업목표	매출(손익)	현금>매출
재무환경	담보위주	신용위주
주요이슈	외 형	유동성+수익성

---

12) 조영빈·김준환, 현금흐름경영(Total Cash Flow Management), 삼성경제연구소, 1998.

　기존경영방식과 새로운 경영패러다임의 변화를 보면 기업 전략에서 성장 전략에서 성숙 전략으로 전환이다. 기업의 목표도 매출위주에서 탈피하여 현금을 중시하는 방향으로 전환하게 되었다.

　새로운 방향의 특징은 다음과 같은 것이 있다.
1) 외형 성장 중심 인 경영에서 탈피하여 현금을 중시하게 된다.
2) 현금흐름을 높이는 것 즉 현금회전율을 올려주는 것은 기업가치를 높이는 수단이다. 기업가치는 투자자들의 자금을 사업에 효율적으로 투자하여 그 결과로 영업 순 현금흐름을 올리는 것을 말한다.
3) 현금흐름의 악화는 기업부도의 징후이다. 부도기업의 대부분이 영업 순 현금흐름이 악화되는 데도 불구하고 투자규모를 늘이는 등 현금흐름 개선노력을 등한시해서 나타나게 된다.
4) 현금흐름은 기업현상의 측정지표이다. 과거 국내기업은 영업 활동에서 창출된 현금보다 더 많은 투자재원이 필요했기 때문에 대규모 차입이 불가피했다. 선진기업은 영업 활동의 현금수지 범위 내에서 투자재원을 조달했기 때문에 안정적 기업운영이 가능했다.

　도시화가 급속히 진행되면서 국내 부동산 건설 시장은 토지매입 후 개발은 곧 수익의 표현으로 생각되어 차입경영으로 일관해왔다. 이제 경영 방식에 변화를 꾀하지 않으면 안 될 시기이다.
　재무적 측면만을 강조하면 조직관리에 또 다른 문제가 발생될 수 있으므로 비재무적 측면도 고려해야 한다. 경영 활동은 조직원과 함께 이루어짐으로 재무적 측면에서 간과되는 것이 발생될 수 있으므로 비계량적이고 정성적인 요소를 고려해야 한다.

3. 비재무적 측면의 경영혁신 전략

기업경영을 비재무적 관점에서 분석하고 그에 따른 경영혁신 전략을 도입하여 부동산건설업의 생존경영을 실현코자 한다.

부동산건설업의 기업경영혁신은 효율성과 효과성은 일차적으로 재무적-정량적-경영지표가 중요하다. 그러나 지속적인 성장과 수익성 향상을 위하여 비재무적-정성적-경영지표가 함께 고려된 시간과 원가를 고려하여 기업목표를 추구해야 한다. 생존경영을 추구하면서 함께 고려되어야 할 비재무적 측면의 중심 경영요소를 살펴본다.

1) 기업지배 구조(Corporate Governance Structure) 변화

소유자 중심의 기업지배구조에서 탈피하여 경영인의 도덕성과 정직성을 갖춘 성품과 기술과 권리에 대한 전문지식과 능력을 갖춘 전문경영인의 체계적이고 제도적인 양성이 있어야 하겠다.

2) 종업원과 경영자의 의식구조 변화

매출액 중심의 평가보다 창조적 경영 활동으로 기업가치를 높이려 하는 의식이 중요하다.

3) 사업구조와 균형 수주 필요

건설업의 생산형태에는 항상 경기에 쉽게 지배를 받는다. 대부분의 주택사업 위주의 양적성장의 건설업체들은 수주다변화 전략에 따른 질적 성장도 동시에 추구해야 한다. 건축공사, 토목공사 등에 있어 균형수주가 필요하다.

4) 재무구조 개선노력

낮은 자기자본비율에도 불구하고 자금의 조달·집행 방식에서 신규사

업 투자방식에 변화를 주지 않으면 안 된다. 주택부문에서는 선분양 제도가 후분양제도로 전환될 것에 대비해야 한다. 제도가 바뀌면 건설업계의 자금조달능력이 또 한 번 시련을 겪게 될 것이므로 재무구조 개선에 철저한 준비가 필요하다.

5) 시장구조 이해

기업 간의 전략우위는 협력우위와 상생(Win-Win)을 실현할 수 있는 시너지효과를 가져오도록 한다.

6) 조직형태 변화

명령과 통제방식의 조직구조는 과거 피라미드식 조직구조 시대에서는 유효했다. 그러나 21세기에는 변형 가능한 유연한 조직만이 생존가능한 시대가 됐다.

7) 인력의 중요성 인식

21세기 경영은 인재의 전쟁이다. 사람이 기업인 이상 최고경영자를 포함한 전조직원은 인재들 이어야 한다.

8) 원가 절감인식 고취

원가절감의 첫 번째는 간접비절감이다. 간접비의 절감은 계획과 통제만으로도 가능한 부분이다. 그러나 직접비 절감은 기술역량과 관리역량에 비례해서만 가능한 부문이다. 비용절감보다 더 중요한 것은 투명경영 전략이다. 의사결정의 투명성, 인사관리의 투명성 그리고 자금관리(관리회계시스템)의 투명성이다.

9) 기업의 손익구조 이해

고비용·저효율구조에 따른 매출이익의 감소영업이익의 감소경상이익의 감소는 당연한 결과이다. 원가절감, 판매비 및 일반관리비 절감, 금융비용 절감 없는 저비용 고효율 경영 전략은 실효성이 없다.

기업의 재무적비재무적 경영지표에 따른 문제점 분석과 분석결과에 따른 경영혁신 전략이 균형을 이루고 공존하면서 동시에 기업의 핵심역량 부문이나 사업을 선택하여 집중할 때 기업은 생존하고 성장 가능하다.

부동산건설업은 재무적비재무적 경영혁신이 함께 이루어져야 하는 분야이다. 우선적으로 재무적 경영혁신을 추진하되 시간과 원가를 고려한 Activity에 의한 공사종류별 원가관리를 통해 책임의식을 고취하고 현장관리의 중요성을 깨우쳐야 한다. 조직에서 비재무적 측면만을 강조하면 성과 측정이 곤란한 경우도 있다. 재무적 측면과의 조화가 중요시 된다.

제3절 부동산건설업의 생존경영을 위한 경영혁신 전략

1. 생존경영과 기업 환경 변화 인식

부동산건설업 경영특징 가운데 하나가 자본이 영세하다는 것이다. 대부분의 기업이 현금을 조달할 때 자기자본과 타인자본으로 조달하는데, 자기자본은 안정적으로 사용할 수 있지만 타인자본은 부채이기 때문에 항상 부담을 갖고 있어야 한다.

부채 상환이 일시에 몰리거나 기업의 현금흐름과 불일치하게 되면 기업은 현금 유동성 부족으로 파산에 이를 수도 있다.

<표 2-1> 부도율 현황에서 보았듯이 1998년에는 부도율이 12.4%까지 나타났다. 자기자본비율이 낮고 부채의존도가 높다보니 현금 유동성이 조금만

54

악화되어도 기업은 부도 또는 파산에 이르게 된다.

IMF시기를 기준으로 기업이 퇴출되고 부채비율이 안정세를 보이고 있지만 부채비율을 좀 더 자세히 보면 결코 안심할 수 있는 단계가 아니다. 2002년 말 종합 부채비율은 200% 이하로 양호한 것으로 나타나고, 전년대비에서도 현저히 좋은 것으로 표시되고 있다. 그러나 부채비율을 계층별로 살펴보면 낙관할 것이 아니라 지금부터 경각심을 갖고 부동산건설업을 운영해야 할 것이다.

〈표 2-4〉 부채비율 계층별 업체분포

(단위: %)

구 분	100% 미만	100~199%	200~299%	300~399%	400~499%	500% 이상 (자본잠식 포함)	종합부채 비율
1997	43.9	19.7	9.5	6.0	3.4	17.5	569.3
1998	64.3	15.1	5.2	3.2	1.6	10.6	437.7
1999	80.1	7.8	3.4	1.7	1.2	5.8	605.9
2000	82.5	8.5	3.1	1.3	1.0	3.6	291.7
2001	85.0	7.3	2.8	1.4	0.7	2.8	221.7
2002	81.3	8.4	3.5	8	1.1	3.9	191.1

주) 건설업 경영분석, 대한 건설협회 2003
　　부채비율＝부채총계/자기자본

<표 2-4>에 나타났듯이 부채비율이 100% 미만인 기업이 2001년 대비 3.7% 감소한 전체의 81.3%로 나타났으며 또한 부채비율이 100~200% 사이에 있는 기업은 2002년 말 현재 전체의 8.4%를 차지함으로써 전년대비 1.1% 증가하였다. 부채비율이 200% 이상인 기업의 비중도 약간씩 변화가 있는 상황이다. 총자산과 차입금의 관계로 이를 다시 한번 살펴본다. 2002

년 말 건설업체의 차입금 의존도를 계층별 분포로 살펴보면 <표 2-5>와 같이 나타났다.

〈표 2-5〉 차입금의존도 계층별 업체분포

구 분	10% 미만	10~19%	20~29%	30~39%	40~49%	50% 이상
1997	15.0	27.2	24.7	13.3	7.8	12.0
1998	17.6	29.2	25.5	12.6	6.3	8.8
1999	44.7	23.3	15.5	7.2	4.4	4.9
2000	58.0	17.7	12.2	6.4	2.8	3.2
2001	62.2	18.5	9.7	4.9	2.6	2.1
2002	43.8	33.4	11.0	5.7	3.0	3.1

주) 건설업경영분석. 대한건설협회 2003 차입의존도＝차입금/총자산

차입금의존도가 10% 미만인 업체의 비중이 2002년 말 전년대비 18.4% 감소한 43.8%로 나타나고 있다. 반면 차입금 의존도가 10~19% 미만 업체 비중은 2002년 말 33.4%로 전년대비 14.9% 증가하였다. 그 외에도 차입금 의존도가 50% 이상인 업체의 비중도 2002년 말 3.1%로 전년대비 1% 증가한 상태이다. 종합 부채비율이 좋아진 것은 사실이지만 그 내용면에서 계층별 부채비율이나, 차입금의존도 등은 2001년과 2002년은 많은 차이가 있다. IMF 전후에 상황을 돌이켜보면 높은 부채비율과 외적, 양적 성장을 추구하는 전략이 주가 되어, 부채 상환 압박으로 많은 건설업체가 부도 또는 파산에 이르게 된 것이다.

지금도 부채의 구조가 변하고 있는 것은 무엇을 의미하는 것일까? 기업능력을 총동원해서 외부의 자금을 차입해 경영을 하고 있는 단면일 것이다. 이제 외형중심의 양적성장보다는 기업의 이윤을 높이고 가치를 창출할 수

있는 질적성장(Qualitative Growth) 전략으로 경영 전략을 수정해야 할 것이다. 양의 경영에서 질의 경영으로 탈바꿈해서 계속기업으로 생존하고 성장해 가야 한다.

경영의 변천과정을 보면 외형성장 중심의 경영에서 이윤과 질적 성장위주로 변화한다. 이제는 질과 양을 고려한 생존경영이 되어야 하는 시기이다.

기업은 이윤을 추구하고 성장하는 유기체라는 관점에서 생존경영은 반드시 필요한 것이다. 생존경영이란 기업이 목표를 달성하는 유기체로써 살아 존재하는 것만이 아니라 새로운 가치를 창출하면서 생존(Survival)과 성장(Growth)을 동시에 실현하는 것을 의미한다. 부동산건설업은 자본규모가 열악하고 축적된 경영자원이 부족한 상태이기 때문에 생존경영을 위해 모든 자원을 효과적으로 분배하고 활동(Activity)에 변화를 가져와야 한다.

그 의미를 정리하면, 부동산건설업의 생존경영이란 부동산건설업을 운영하는 실체가 목표를 달성하여 이윤을 추구하고, 지속적으로 새로운 가치를 창출함으로써 부동산건설업을 유지, 발전, 성장 시켜가는 것을 의미한다. 즉 부동산건설업 경영에서 생존경영이란 기업이 부도 또는 파산하지 않고 성장과 이윤추구를 통해 영속적인 존속을 할 수 있도록 하는 것이다.

이렇게 하기 위해서는 기업의 자본구조 변화와 원가절감 등 기업이 통제 가능한 부분에 관심을 집중해야 한다.

2. 활동(Activity)강화 경영 전략

기업경영의 목표는 매출액 증대를 통하여 수익성을 극대화하는 것이다. 부동산건설업에서는 대부분 수주 금액이 확보되어 있기 때문에 실행예산과 원가 통제가 더욱 중요하다. 부동산건설업에서는 일정과 비용(Cost) 그리고 품질을 모두 유지하면서 예산을 적절히 사용해야 하는 문제가 있기 때문에 공종별 활동이 더욱 중요하다.

활동중심의 경영에서 부가가치를 중시하는 것은 같은 비용과 활동으로 더 높은 가치창출이 되도록 하는 것이다. 이제 가치공학(Value Engineering)적 사고로 접근하자고 하는 것이다.

가치공학은 설계, 공법, 대체자재 및 장비의 재평가에서 원가절감(Cost Reduction)을 추진하던 것으로 이제는 활동(Activity)중심으로 일정과 원가를 함께 고려하여 원가를 절감하자는 것이다. 가치공학(VE)이란 최저의 총비용(총원가)으로 필요한 기능을 확실히 달성하기 위하여 제품이나 서비스에 대한 기능분석과 개선에 쏟는 조직적인 노력이다.[13] 가치공학과 관련된 원가관리방법으로는 생명주기 비용(LCC: Life-Cycle-Cost)과 활동기준원가 관리방법이 있다. 생명주기 비용(LCC)이란 제품별 디자인 단계에서부터 마지막 사후 보수 단계까지의 총비용이 최소화를 목표로 산정하는 방법이다.

가치 공학(VE)은 불필요한 기능제거를 통하여 생명주기 각 단계에서 원가 절감 극대화를 목표로 한다. 생명주기 전 과정을 몇 단계로 구분해 보면 크게 계획, 설계, 생산, 판매, 사후관리 등 5단계로 구분할 수 있다.

각 단계의 업무를 수행하는 과정에서 가치공학을 적용하여 불필요한 기능 제거를 통해 전체의 비용을 최소화 하게 된다.

---

13) 남규현, '건설사업에서 휴먼웨어, 소프트웨어, 그리고 하드웨어 경영혁신의 상호 메커니즘을 통한 생존경영에 관한 연구', 연세대 박사학위논문, 2000.

〈그림 2-6〉 생명주기 전 과정

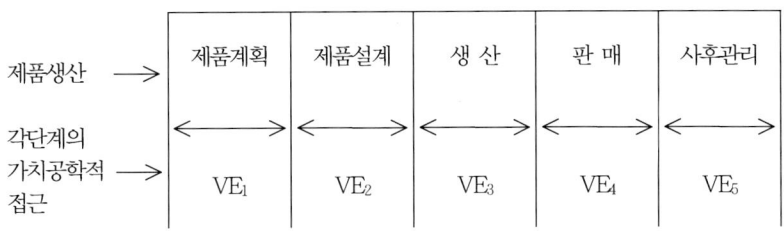

활동기준 원가관리는 불필요한 활동제거를 통하여 원가절감을 하게 된다. 부동산건설업의 활동 동인별 요소를 찾아 목표원가와 일정을 고려한 ABC 접근을 하게 되는 것이다.

부동산건설업에서 ABC는 중요한 의미를 갖는다. 수주 금액이 확정된 상태에서 비용을 줄이는 것이 가치 극대화에 큰 기여를 하기 때문이다. 활동기준원가관리는 기업가치 극대화에 새로운 관리 목표를 제공할 것이다.

가치공학(VE), 생명주기(LCC), 활동기준원가(ABC)는 상호작용에 의한 것인데 원가관리와 통제를 하는 재무보고 목적의 원가관리 기법은 지출내역 중심이 재료비, 노무비, 경비, 외주비의 형태로 되어있어 활동에 의한 가치분석이 어렵다.

가치공학(VE)은 불필요한 기능을 제거시켜 기업가치를 극대화하려는 것이고 활동기준원가(ABC)는 작업과정 중에 불필요한 활동을 찾아 기업가치를 극대화하려는 것이다. 활동 중에는 측정이 어려운 무형의 절감효과와 측정이 가능한 유형의 절감효과가 있어 활동을 제거할 때에는 경험과 실패사례 등을 고려하여 낭비적 활동을 찾아야 한다.

VE와 ABC는 별도로 존재한다기보다 상호작용에 의해서 원가절감이 이루어 져야 한다. ABC에 의하지 않고 기존의 방식대로 목표원가중심의 기업 활동은 사회적으로 바람직하지 못하다. 목표원가란 판매가격이 결정되어 있으므로 목표원가를 결정하고 이익을 취하는 것의 원가절감 형태이다. 또 역손익계산은 판매가격에서 매출이익을 결정하고 원가절감을 통하여 목표를 달성한다. 이런 경우 부동산건설업뿐 아니라 다른 산업에서도 제품의 질은 개선되기 어렵다.

활동기준원가(ABC)는 목표원가(Target Costing)와 기존의 방법과는 다른 원가절감 방법이다. 활동기준원가와 목표원가 관계를 단계별로 표시해 보면 <표 2-6>과 같다.

〈표 2-6〉 활동기준원가 vs 목표원가

구 분	활동기준원가(ABC)	목표원가
1단계 결정	가격결정	판매가격결정
2단계 결정	투입원가결정	목표원가결정
3단계 적용	원가절감(VE)	원가절감(VE)
부동산건설업 적용 시	불필요 낭비적 요소 제거	원가조절가능(부실시공유의)

활동(Activity)에 의한 가치극대화 전략은 일정(Time)과 비용을 함께 관리하면서 기존의 관리방식을 탈피하여 기업가치 극대화에 기여하자는 것이다. 활동기준원가(ABC)는 그 목적이 단순한 원가절감차원이 아니라 기업의 관리 혁신을 통해 기업의 행동변화로 이어져 고객가치 극대화에 기여하고자 하는 것이다.

활동기준원가관리가 필요한 것도 기업내부에서 관리 가능한 것을 중심으로 기업의 경쟁력을 높여 산업전체의 구조조정 시¹에도 살아남을 수 있도록 하기 위해서이다. 건설산업 전체의 구조조정 시 지속적으로 성장·발전하려면 내부적인 관리시스템을 정비하여 올바른 경영이 되도록 해야 하기 때문에 그 기초자료를 얻고 생존경영으로 이끌기 위해 ABC가 필요한 것이다.

건설업 전체의 재무구조가 개선되었는데도 자사의 자금사정이 좋지 않다고 하는 기업이 있어 건설업 전체의 자금난을 근본적으로 해결하기 위한 치유책을 조사한 결과 회계투명성 제고 6.8%, 수익성 제고 10.6%, 건설업체 수 축소 17.7% 등으로 조사된 바 있다. 또한 건설업체의 자금난을 근본적으로 해결하기 위한 치유책을 복수응답으로 조사한 결과 총 689개사 중 24.7%인 170개사는 「건설공사물량확대」를, 17.7%인 122개사는 「건설업체 수 축소」를 꼽아 최근 몇 년간 건설업체 수 급증으로 인해 수주 환경이 악화된 상황을 반영하고 있는 것으로 나타났다.

〈표 2-7〉 자금난 근본 치유책(복수응답)

(단위: 개사, %)

구 분	전 체	대기업	중기업	소기업
건설업체의 재무구조 개선	64(9.3)	4(33.3)	8(11.2)	52(8.6)
건설업체 회계투명성 확보	47(6.8)	2(16.7)	2(2.8)	43(7.1)
건설공사 물량 확대	170(24.7)	1(8.3)	18(25.4)	151(24.9)
프로젝트금융 활성화	8(1.2)	1(8.3)	0(0.0)	7(1.1)
대출관행 개선	32(4.6)	0(0.0)	3(4.2)	29(4.8)
건설경기 안정	162(23.5)	2(16.7)	20(28.2)	140(23.1)
자산유동화를 통한 자금조달 활성화	11(1.6)	0(0.0)	1(1.4)	10(1.7)
건설업체의 수익성 제고	73(10.6)	2(16.7)	9(12.7)	62(10.2)
건설업체 수 축소	122(17.7)	0(0.0)	10(14.1)	112(18.5)
계	689(100.0)	12(100.0)	71(100.0)	606(100.0)

주) 대한건설업협회, 건설기업의 자금조달 및 이용실태 2002. 12.

설문(<표 2-7>)에서 나타난 바와 같이 건설업체 수를 축소해야 한다는 것은 산업의 구조조정이 있어야 함을 시사한다고 볼 수 있다. 구조조정에서 생존하기 위해 여러 가지 방법을 찾아야 할 상황이다. 활동기준원가를 통해 원가절감의 성공요인 및 실패요인을 찾아 사전적인 표준원가와 사후관리를 할 수 있는 제도가 정착되면 기업의 경쟁력은 한층 높아질 것이다.

3. 소 결

광범위한 부동산서비스업 가운데 부동산건설업(부동산개발업과 건설업)을 중심으로 경영특징을 살펴보았다. 그 특징을 요약하면 아래와 같다.

1) 선수주 후공사 형태이다. 경기조절 기능을 갖기도 했다.
2) 기업규모와 자본금 규모가 작은 특징이 있었다.
3) 자본금의 영세성으로 폐업율과 이직률이 높았다.
4) 타인자본 의존도가 높았다. 초기에 대규모 투자가 이루어지고 자금회수가 장기이다.
5) 겸업 업체가 많은 특징이 있었다.
6) 경영관리도 변화보다는 기존의 것을 답습하는 경향이 있어 변화가 요구되는 상황이다.

부동산건설업 경영이 갖는 특징에 나타나듯이 자본영세성을 탈피하기위해서는 자본구조 변화와 경영인식의 강화 등이 요구되는 실정이다. 자본구조 변화는 어떻게 이루어졌는가 간단히 살펴보면 구조조정 등을 통해 자기자본비율이 1999년에는 14.2%였던 것이 2002년에는 34.4%로 최근 3년 사이에 20.2%가 증가하였다.

그러나 2001년과 2002년의 부채구조는 상당히 다른 면을 가지고 있었다. 종합부채비율은 각각 221.7%에서 191.1%로 더 낮아졌지만 부채비율의 계층별 분포와 차입금 의존도의 분포는 2001년과는 다른 형태였다.

차입금 의존도가 10% 미만인 기업체 수가 2001년대에 18.4% 감소하였다.

부채 구조가 변화하는 것은 기업이 단기 유동성현금을 확보해야 하는 신호를 주고 있는 것이다. 이런 가운데 부동산건설업도 부도 또는 파산하지 않고 성장과 이윤추구를 할 수 있는 경영혁신 방법을 찾는 것이다.

경영혁신 방법에는 구조조정과 아웃소싱이 있는데 산업전체가 행한다고 개별기업에서도 반드시 같은 방법으로 구조조정을 할 필요는 없지만 성공사례를 통해 경영혁신을 꾀하게 된다. 재무적 혁신 전략은 계량화하기에는 좋은데 비계량적 요소를 간과하기 쉬운 단점이 있다. 비재무적 측면의 경영혁신은 비젼제시 등은 좋은데 성과측정이 곤란할 수 있다. 그래서 이러한 단점을 보완하기 위해 활동강화 경영혁신을 추구하게 된다. 간접비 배부를 적게 받고 진실된 원가를 활동에 의해서 파악함으로 공종별 원가를 정확히 파악하고 조직원의 행동에도 변화를 주고자 하는 것이다.

활동기준원가는 경영혁신의 한 방법으로 가치공학에 기초한 것이다. 불필요한 활동이나 부가가치가 낮은 활동을 제거함으로써 기업이 가치를 높이려고 한다.

기업이 성장하는 데에는 기업 외부적 요인과 내부적 요인이 잘 조화가 되어야 하는데 외부 건설경기에만 의존 할 것이 아니라 기업이 통제 가능한 내부 활동을 강화하여 불필요한 활동을 제거함으로써 원가절감과 더 나아가서 종업원의 행동변화까지 이어지도록 하는 것이다.

결국 부동산건설업이 생존경영을 하기 위해서는 내부적으로 통제 가능한 활동을 좀 더 검토하여 가치공학적 원가절감이 되어야 한다는 것이다.

제3장 부동산건설업의 원가관리 현황 및 과제

제1절 건설업의 원가구조 현황

1. 손익구조 분포 현황

건설업 백분비 손익계산서를 보면 건설매출액을 매년도 100으로 하여 분석해 본 결과 IMF 이전인 '96년도 매출원가율은 89.1%로 나타났으며, 2002년도 매출원가율도 89.7%로 비슷한 구조를 나타내고 있었다.

〈표 3-1〉 건설업 백분비 손익계산서

(단위: %)

구 분	1994	1995	1996	1997	1998	1999	2000	2001	2002	제조업 (2002)
매 출 액	100.0	100.0	100.0	100.0	100.0	100.0	100.0	100.0	100.0	100.0
매 출 원 가	86.2	87.4	89.1	89.8	91.2	90.6	89.5	89.3	89.7	80.6
매출총이익	13.8	12.6	10.9	10.2	8.8	9.4	10.5	10.7	10.4	19.4
일반관리비	6.7	6.7	6.2	6.0	6.0	11.2	6.5	6.3	6.0	12.6
영 업 이 익	7.1	5.9	4.8	4.2	2.8	-1.8	4.0	4.4	4.4	6.7
영업외수익	2.9	3.3	2.8	4.8	7.7	5.7	3.4	2.9	3.3	4.7
영업외비용	7.7	8.5	7.5	9.9	13.6	15.0	8.3	7.0	5.4	6.7
경 상 이 익	2.3	0.7	0.1	-1.0	-3.1	-11.1	-0.9	0.2	2.4	4.7
특 별 이 익	0.8	0.6	0.4	0.8	2.1	2.8	1.6	2.2	0.8	3.5
특 별 손 실	0.5	0.4	0.4	0.7	2.3	6.5	3.5	1.0	0.9	0.4
세전순이익	2.6	0.9	0.1	-0.8	-3.4	-14.9	-2.8	1.5	2.3	7.8
법 인 세 등	0.9	0.7	0.5	0.4	0.4	0.8	0.1	0.5	0.5	1.5
당기순이익	1.8	0.3	-0.3	-1.2	-3.8	-15.6	-2.9	0.9	1.8	6.3

주) 대한건설협회. 건설업 경영분석. 2000-2002년도 분석자료 참고 재작성.

최근 몇 년간 매출원가율은 큰 차이가 없이 안정적으로 왔는데 여기에 비해서 매출액 구조는 어떻게 변화해 왔는가 살펴보겠다. 건설매출과 국내 공사는 '99년 이후 계속 성장해 왔으나 해외공사는 최근 2-3년간 계속 감소 하였다. 그러나 <표 3-2> 건설매출액 구성추이를 보면 주택분양은 최근 2-3 년간 계속 증가세를 보이고 있다.

〈표 3-2〉 건설매출액 구성추이

(단위: 억 원, %)

구 분	'96년 금 액	'96년 %	'97 금 액	'97 %	'98 금 액	'98 %	'99 금 액	'99 %	'2000 금 액	'2000 %	'2001년 금 액	'2001년 %	'2002년 금 액	'2002년 %
건설매출	849,887	100	892,851	100	753,922	100	740,735	100	838,869	100	949,641	100	1,071,879	100
국내공사	605,730	71.3	638,321	71.5	540,502	71.7	548,097	74	661,266	78.8	758,373	79.9	852,237	79.5
해외공사	59,257	7.0	69,096	7.7	88,024	11.7	67,490	9.1	73,127	8.7	66,767	7.0	60,732	5.7
주택분양	184,900	21.7	185,434	20.8	125,396	16.6	125,148	16.9	104,476	12.5	124,501	13.1	158,909	14.8

주) 건설업 경영 분석 2000-2002 참고 재작성

2002년 총 건설 매출액은 107조 1,879억 원을 나타냈다. 부문별 매출 구 조는 먼저 국내공사가 85조 2,237억 원을 기록하여 전년보다 12.4%가량 증 가하였다. 주택분양은 15조 8,909억 원을 기록하여 전년도 12조 4,501억 원 보다 27.6% 증가하여 건설 매출액에서의 비중이 1.7%가량 성장하였고, 해 외 공사는 매년 건설 매출 비중이 감소하고 있음을 알 수 있다. 즉, 건설업 이 내수 주택분양에 크게 의존하여 성장했으며, 해외공사는 계속 감소하고 있다. 건설매출액이 내수 주택경기에 의존하면서 매우 큰 성장을 해왔는데, 실제 기업의 수익성은 얼마나 성장했는가 살펴보았다.

〈표 3-3〉 당기 순이익 업체별 분포 현황

(단위: 개사, %)

순이익 규모	'94 업체수	'94 구성비	'95 업체수	'95 구성비	'96 업체수	'96 구성비	'97 업체수	'97 구성비	'98 업체수	'98 구성비	'99 업체수	'99 구성비	'00 업체수	'00 구성비	'01 업체수	'01 구성비	'02 업체수	'02 구성비
적자업체	779	30.3	905	31.9	1,069	32.2	1,036	30.9	764	21.2	519	12.5	1,486	23.9	1,387	15.7	1,375	13.6
5억 원 미만	1,446	56.3	1,653	58.2	1,931	58.1	2,033	60.7	2,516	69.8	3,020	72.5	4,317	69.6	6,898	77.9	7,961	78.7
(소 계)		86.6		90.1		90.3		91.6		91		85		93.5		93.6		92.3
5-10억 미만	127	4.9	103	3.6	126	3.8	117	3.5	166	4.6	340	8.2	183	2.9	269	3.0	369	3.6
10-20억 미만	64	2.5	65	2.3	81	2.4	65	1.9	81	2.2	134	3.2	103	1.7	131	1.5	193	1.9
20억 이상	153	6.0	115	4.0	115	3.5	100	3.0	80	2.2	151	3.6	118	1.9	175	2.0	213	2.2
계	2,569	100	2,841	100	3,322	100	3,351	100	3,667	100	4,164	100	6,207	100	8,860	100	10,111	100.0

주) 건설업경영분석 2003, 대한건설협회, p.28 재작성.
주) 대한건설협회, 건설업경영분석 2000~2003년도 참조작성.

2002년 12월 31일 기준 순이익 규모면에서 보면 전체 기업 10,111개 업체 중 적자업체가 13.6% 5억 원 미만 당기순이익 실현 업체가 78.7%를 나타내고 있다(<표 3-3>). 전체 기업 중 약 92.3%가 5억 원 미만의 당기순이익 실현 또는 적자기업 상태다.

2002년 건설 매출이 국내 공사와 주택분양 증가로 IMF 이전인 96년도 건설 매출 수준 이상으로 회복되었는데도 당기순이익을 5억 원 이상 실현하는 업체 수는 전체 10,111개 업체 중 불과 775개 업체로 전체 7.7%에 불과하다.

이처럼 많은 기업들이 적자 혹은 5억 원 이하의 당기 순이익을 나타내는 구조는 좀 더 관심 있게 살펴보아야 할 것이다.

1993년 1,617개 업체 중에서 5억 원 이하 당기순이익(적자업체 포함) 실현 업체 수는 1,313개로 전체의 81%에 이르고 있다. 2002년 현재 10,111개

업체로 증가한 상태로 보면 업체 수는 1993년에 비해 약 6.2배수가 많아졌다. 하지만 적자업체와 5억 원 이하 당기순이익 실현 회사의 비중은 여전히 약 92%대로 그 비율이 오히려 증가하였다. 한편 비용은 어떻게 변화했는가 살펴보겠다.

일반관리비는 1999년 11.2%에서 2002년도에는 6.0%까지 감소하였다. 이는 기업이 지속적인 구조조정으로 일반관리비를 줄여왔음을 알 수 있다. 영업외비용도 1999년에 15%에서 지속적인 감소로 2002년에는 5.4%까지 내려왔다. 일반관리비와 영업외비용은 구조조정 등으로 감소하였는데, 매출원가율은 1998년 91.2%와 2002년 89.7%에서 1.5%의 변화밖에 없었다.

과거 1990년대와 2002년도의 기업의 환경은 많은 변화가 있었을 텐데 좀처럼 당기순이익이 개선되지 못하는 이유는 무엇 때문일까 의문이다. 이제 관리방법이나 경영혁신 차원에서 그 원인을 찾아 볼 필요가 있다. 건설업이 외부경기에 밀접한 영향을 받는다고 해도 경영 내부적인 문제도 존재할 것이라 생각된다.

2. 원가구성요소별 변화추이

건설업체 수가 증가하고 매출액 구성비가 변하고 있는 가운데 단기 순이익은 크게 증가되지 않은 상황이었다.

매출원가율에 큰 변화가 없는 것을 보고 매출원가를 구성하는 항목에는 어떤 변화가 있었는가 살펴보았다.

〈표 3-4〉 연도별 완성공사 원가요소별 구성비율 추이

(단위: %)

구 분	'90	'91	'92	'93	'94	'95	'96	'97	'98	'99	'00	'01	'02
재 료 비	34.00	31.58	30.08	29.73	30.25	28.50	28.57	25.38	24.57	24.68	24.45	23.26	24.36
노 무 비	19.08	18.92	17.85	16.72	14.58	13.63	12.85	11.89	11.11	9.51	9.22	9.76	9.59
외 주 비	35.72	37.73	41.02	42.66	44.46	46.69	47.53	51.37	51.83	52.75	52.72	53.70	53.64
현 장 경 비	11.20	11.77	11.05	10.90	10.71	11.13	11.05	11.36	12.50	12.99	13.61	13.28	12.41
순현장경비	(7.22)	(7.51)	(6.93)	(6.95)	(7.60)	(7.96)	(8.00)	(8.17)	(9.28)	(9.84)	(10.49)	(10.07)	(10.43)
기 계 경 비	(3.98)	(4.26)	(4.12)	(3.95)	(3.11)	(3.22)	(3.05)	(3.19)	(3.22)	(3.15)	(3.12)	(3.21)	(1.98)
공 사 원 가	100.0	100.0	100.0	100.0	100.0	100.0	100.0	100.0	100.0	100.0	100.0	100.0	100.0

주) 대한건설협회, 건설업 경영분석, 2000-2002년도 분석자료 참고 재작성.
주) 현장경비＝순현장경비＋기계경비

　　지난 10여 년간의 매출 원가율을 살펴보면 (88%±2)정도 내외에서 큰 변화가 없었다. 그런데 연도별 완성공사의 원가요소별 구성비율 변화는 지난 10여 년간 건설업체에 많은 변화가 있었음을 보여주고 있다.

　　원가의 지급 형태에서 재료비, 노무비, 외주비, 현장경비로 원가요소를 나누어 보면 재료비는 90년도 전체매출원가 중 34%를 차지했으나 96년도에는 28.57% 감소하고 2002년에는 24.36%까지 감소하였다. 지난 10년간 재료비 구성비는 9.64%가량 감소하였다. 노무비는 90년도 매출원가 중 19.08%를 차지했으나 IMF 직전인 1996년에는 12.85%를 차지했으며 2002년에는 9.59%를 차지하고 있다. 즉 지난 10년간 9.49%가 감소했다.

　　외주비는 90년에 35.72%를 차지했으나 IMF 직전 1996년에는 11.81% 증가한 47.53%를 차지하고 2002년 현재는 공사원가 중 53.64%를 차지한다. 지난 10년간 17.92%나 증가하였다. 현장경비도 90년에 11.2%, 기계 경비를 제외한 순현장경비도 7.2%에 불과했다. 그러나 2002년에는 총 현장경비도 1990년과 비교해 보면 1.21% 증가하였고 순현장경비는 3.21% 증가하였다. 이를 그림으로 나타내보면 <그림 3-1>과 같다.

〈그림 3-1〉 연도별 완성공사 원가요소별 구성비율 추이

〈가〉 추이표

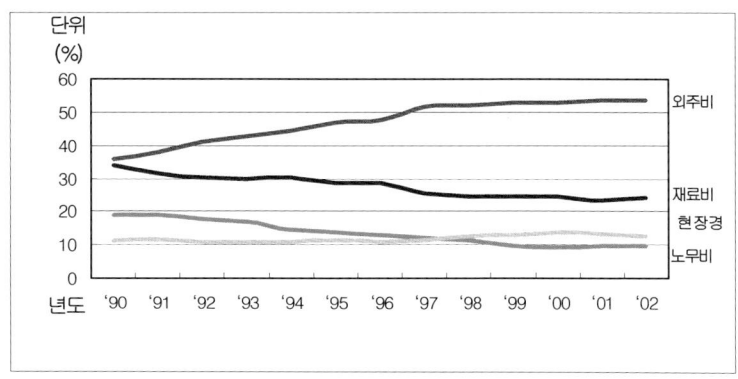

〈나〉 변화된 상태

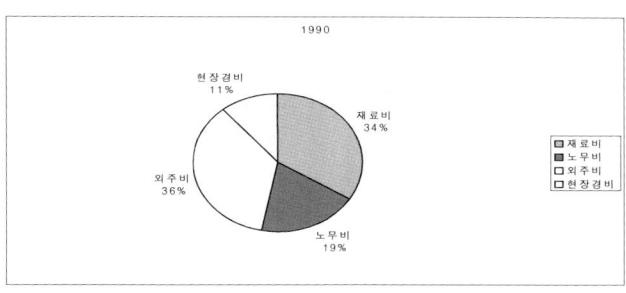

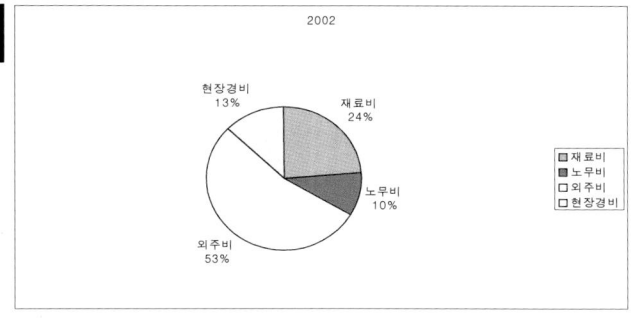

<그림 3-1>에서 보는 바와 같이 건설기업들이 재료비와 노무비를 감소시키면서 외주비를 증가시키고 있다. 즉, 건설업체의 아웃소싱(Outsourcing)이 증가하고 있는 실정이다. 발주업체 입장에서 외주비는 회사내부에서 통제가 되지 않는 부분이다.

그렇기 때문에 하도급업체의 체계적인 관리가 필요하다. 또한 이를 역으로 살펴보면 건설업체는 과다 경쟁을 통해 덤핑수주로 계속해서 적자를 면하지 못하고 있음을 시사하기도 한다. 왜냐하면 건설업 전체의 외주, 가공비는 증가하였지만 여전히 적자업체와 5억 원 이하 당기순이익 실현 업체는 92%에 이르고 있기 때문이다. 서로 간에 치열한 경쟁을 하는 구조임을 보여준다. 기업 구조조정이라는 이름으로 인원을 감소시켜 외주 가공 활동은 늘려나가는 형태가 기업의 장기적인 발전에서 지식을 체계적으로 쌓아나갈 수 있을지 의문이다. 순현장경비가 증가하는 것도 주목해야 할 것이다. 건설현장에서 소비자와 그 주변에 민원이 증가하여 관리비용이 증가함을 인식해야 한다. 단순히 증가 비율이 다른 항목보다 낮다고 하여 간과해서는 안 된다.

3. 완성공사 원가요소별 구성 현황

원가구성요소가 년도별로 조금씩 변화해 왔는데 이를 좀 더 세밀히 살펴보겠다. <표 3-5>는 연도별 완성공사 원가구성분석 공사건 수 현황이다.

〈표 3-5〉 연도별 완성공사 원가구성 분석 공사건 수

구 분		1997		1998		1999		2000		2002	
		건 수	%	건 수	%	건 수	%	건 수	%	건 수	%
종 합		13,547	100.0	11,396	100.0	13,451	100.0	12,137	100.0	15,328	100.0
공사 종류별	토 목	4,058	29.9	4,324	37.9	6,335	47.1	5,383	44.4	4,735	30.9
	건 축	9,058	66.9	6,538	57.4	6,588	49.0	6,313	52.0	9,993	65.2
	산업설비	232	1.7	285	2.5	229	1.7	209	1.7	260	1.7
	조 경	199	1.5	249	2.2	299	2.2	232	1.9	340	2.2
공사 규모별	3~5억 미만	4,044	29.9	3,308	29.0	6,132	45.6	5,287	43.6	4,710	30.7
	5~10억 미만	3,977	29.4	3,128	27.4	2,669	19.8	2,732	22.5	4,620	30.1
	10~30억 미만	3,018	22.3	2,732	24.0	2,392	17.8	2,368	19.5	3,363	21.9
	30~50억 미만	747	5.5	719	6.3	671	5.0	538	4.4	975	6.4
	50~100억 미만	688	5.1	580	5.1	551	4.1	447	3.7	735	4.8
	100억 이상	1,073	7.9	929	8.2	1,036	7.7	765	6.3	925	6.0
도급 순위별	1 군	2,167	16.0	1,792	15.7	1,888	14.0	1,618	13.3	1,889	12.3
	2 군	1,035	7.6	846	7.4	960	7.1	877	7.2	790	5.2
	3 군	765	5.6	667	5.9	637	4.7	564	4.6	646	4.2
	4 군	771	5.7	533	4.7	601	4.5	501	4.1	527	3.4
	5 군	768	5.7	528	4.6	563	4.2	475	3.9	493	3.2
	6 군	5,122	37.8	5,428	47.6	5,944	44.2	5,621	46.3	5,213	34.0
	7 군	1,070	7.9	838	7.4	1,689	12.6	1,426	11.7	2,209	14.4
	8 군	1,759	13.0	689	6.0	1,087	8.1	984	8.1	3,491	22.8
	9 군	90	0.7	75	0.7	82	0.6	71	0.6	70	0.5
발주 기관별	정부기관	1,337	9.9	1,030	9.0	1,567	11.6	1,304	10.7	1,516	9.9
	지방자치단체	3,568	26.3	4,157	36.5	5,568	41.4	5,215	43.0	4,755	31.0
	국영기업체	682	5.0	710	6.2	922	6.9	868	7.2	1,027	6.7
	공공단체	793	5.9	944	8.3	1,090	8.1	858	7.1	566	3.7
	주한외국기관	70	0.5	40	0.4	54	0.4	31	0.3	78	0.5
	민 간	7,097	52.4	4,515	39.6	4,250	31.6	3,861	31.8	7,386	48.2
기업 규모별	소 기 업	6,552	48.4	6,054	53.1	8,089	60.1	7,376	60.8	11,976	78.1
	중 기 업	5,071	37.4	3,890	34.1	4,002	29.8	3,402	28.0	1,864	12.2
	대 기 업	1,924	14.2	1,452	12.7	1,360	10.1	1,359	11.2	1,488	9.7
공사 기간별	1~3개월	990	7.3	850	7.5	2,346	17.4	2,023	16.7	1,278	8.3
	4~6개월	3,257	24.0	2,338	20.5	2,789	20.7	2,628	21.7	4,012	26.2
	7~12개월	5,164	38.1	4,208	36.9	4,062	30.2	3,622	29.8	5,781	37.7
	13~36개월	3,642	26.9	3,428	30.1	3,466	25.8	3,086	25.4	3,438	22.4
	37개월 이상	494	3.6	572	5.0	788	5.9	778	6.4	819	5.3

주) 대한건설협회, 1997-2002년 참조 작성

연도별 공사완성 건수를 공사종류별로 구분하여 원가구성을 구분해 보아야 한다.

첫째 공사종류별 원가구성표 변화분석을 토목공사, 건축, 산업설비, 조경으로 구분하여 원가구성 변화추이를 살펴보아도 재료비와 노무비는 감소하고 외주가공비는 증가하는 추세를 확인할 수 있다.

〈표 3-6〉 토목공사 원가구성표

구 분	1995	1996	1997	1998	1999	2000	2001	2002
재 료 비	20.40	20.12	18.59	18.26	19.33	19.41	18.86	18.15
노 무 비	18.27	17.02	16.30	15.28	13.33	11.98	11.87	10.02
외 주 비	43.42	46.44	47.57	49.38	51.44	52.47	53.74	58.33
현 장 경 비	17.91	16.42	17.55	17.09	15.90	16.13	15.53	13.50
(기계경비)	(9.07)	(7.38)	(8.47)	(7.56)	(7.15)	(6.75)	(6.18)	(3.97)
공사원가계	100.00	100.00	100.00	100.00	100.00	100.00	100.00	100.00

〈표 3-7〉 건축공사 원가구성표

구 분	1995	1996	1997	1998	1999	2000	2001	2002
재 료 비	30.89	31.63	27.54	26.81	26.82	27.00	26.66	27.30
노 무 비	12.18	11.26	10.88	9.56	7.80	7.55	8.32	9.51
외 주 비	47.81	48.10	52.00	52.76	53.48	52.93	53.08	51.39
현 장 경 비	9.12	9.02	9.57	10.88	11.80	12.53	11.94	11.80
(기계경비)	(1.45)	(1.43)	(1.67)	(1.53)	(1.41)	(1.31)	(1.24)	(1.12)
공사원가계	100.00	100.00	100.00	100.00	100.00	100.00	100.00	100.00

<표 3-8> 산업설비 원가구성표

구 분	1998	1999	2000	2001	2002
재 료 비	28.62	27.12	24.99	20.08	22.35
노 무 비	8.83	7.64	12.04	8.58	7.20
외 주 비	53.16	57.93	52.26	61.88	58.34
현 장 경 비	9.39	7.31	10.70	9.46	12.11
(기계경비)	(2.21)	(1.15)	(2.83)	(1.72)	(1.32)
공사원가계	100.00	100.00	100.00	100.00	100.00

<표 3-9> 조경공사 원가구성표

구 분	1998	1999	2000	2001	2002
재 료 비	20.23	24.08	16.85	17.09	16.77
노 무 비	15.73	16.57	10.77	11.97	9.70
외 주 비	53.75	48.71	62.02	59.86	62.68
현 장 경 비	10.29	10.62	10.36	11.09	10.85
(기계경비)	(2.33)	(2.83)	(2.20)	(1.67)	(2.22)
공사원가계	100.00	100.00	100.00	100.00	100.00

외주비의 비중은 조경공사가 62.68%로 높게 나타났으며 건축공사는 제일 낮은 51.39%를 나타내고 있다. 공사종류별로 보아도 외주가공비가 높게 나타난다.

최근 몇 년간 지속적으로 공사종류별로 원가구성비율이 변화하고 있는 것을 살펴보았다. 토목공사, 건축공사, 산업설비, 조경공사 모두 외주비가 증가하고 있는데 산업전체의 이러한 현상이 개별기업에서도 반드시 일치되어야 바람직한 것인가는 재고를 해 봐야 할 것이다. 모든 기업이 외주를 준다고 가정하면 최종 기술 보유자는 누가 되는 것인가? 경영혁신 전략 차원에서 구조조정과 아웃소싱이 이루어져야 하는데 산업전체의 이러한 현상은 한번쯤 생각해 볼 필요가 있다. 우선 개별기업에서 가장 경쟁력 있는 공사 종류를 찾아야 한다. 모든 공사 중에서 비교우위 공종은 무엇이며 왜 비교 우위를 갖는지 알아야 한다. 비교우위를 파악하기 위해서는 공사종류별 범 위와 활동을 구체적으로 파악하여 타 기업과 비교해서 경쟁력을 살펴야 한 다. 기술축적이 가능한 부분은 무조건 외주처리를 할 것이 아니라 연구개발 차원에서 내부에서 처리할 수도 있다. 공사종류별 강점을 찾고 규모의 경제 가 있는 합리적인 수주금액을 찾을 수 있어야 개별기업에서도 재무구조가 개선되고 산업전체에서도 수익구조가 개선될 수 있다. 산업전체의 공종별 원가가 있다면 개별기업이 비교우위가 있는지를 알 수 있지만 현재로서는 판단이 어려운 실정이다.

아무튼 산업전체의 외주비가 증가한다고 해서 개별기업에서도 무조건 외 주가공비를 증가시키는 것보다 통제 가능한 원가를 찾고 공종별 원가의 비 교우위를 찾아 경쟁하는 것이 바람직 할 것이다.

둘째로는 공사규모별 원가구성을 비교해보면 다음과 같다.

〈표 3-10〉 공사규모별 원가구성표

(단위: %)

구 분	5억 원 미만					
	1997	1998	1999	2000	2001	2002
재 료 비	30.45	24.70	22.92	23.54	28.33	31.18
노 무 비	28.42	27.52	25.42	22.43	23.33	24.56
외 주 비	28.68	32.67	35.96	39.19	35.49	33.59
현 장 경 비	12.45	15.11	15.69	14.85	12.85	10.66
(기계경비)	(5.99)	(7.57)	(6.26)	(7.06)	(5.23)	(3.75)
공사원가계	100.00	100.00	100.00	100.00	100.00	100.00

구 분	5억-10억 원 미만					
	1997	1998	1999	2000	2001	2002
재 료 비	27.87	24.12	20.32	21.55	25.66	27.94
노 무 비	24.62	25.35	22.08	19.51	20.54	21.64
외 주 비	35.24	36.88	42.36	45.16	41.17	39.81
현 장 경 비	12.27	13.65	15.23	13.79	12.6.	10.61
(기계경비)	(5.56)	(6.61)	(7.13)	(6.42)	(5.22)	(3.47)
공사원가계	100.00	100.00	100.00	100.00	100.00	100.00

구 분	10억-30억 원 미만					
	1997	1998	1999	2000	2001	2002
재 료 비	22.16	20.47	18.56	19.40	19.27	22.03
노 무 비	18.89	18.73	16.56	14.94	14.71	14.90
외 주 비	46.89	47.84	51.84	53.52	53.87	52.69
현 장 경 비	12.06	12.96	13.03	12.22	12.15	10.38
(기계경비)	(5.14)	(5.39)	(5.28)	(4.41)	(4.21)	(3.14)
공사원가계	100.00	100.00	100.00	100.00	100.00	100.00

구 분	30억-50억 미만					
	1997	1998	1999	2000	2001	2002
재 료 비	20.46	19.36	19.20	17.77	17.40	19.11
노 무 비	14.18	14.33	12.95	11.98	10.30	11.15
외 주 비 현	53.39	53.82	54.40	58.74	61.24	59.56
장 경 비	11.96	12.50	13.45	11.51	11.06	10.17
(기계경비)	(4.28)	(3.64)	(4.52)	(3.79)	(2.84)	(2.53)
공사원가계	100.00	100.00	100.00	100.00	100.00	100.00

구 분	50억-100억 미만					
	1997	1998	1999	2000	2001	2002
재 료 비	21.51	20.35	20.07	19.15	20.03	19.94
노 무 비	11.24	11.79	11.44	10.37	9.41	8.63
외 주 비 현	55.54	55.29	56.24	58.67	59.48	60.93
장 경 비	11.71	12.57	12.25	11.75	11.09	10.50
(기계경비)	(3.32)	(3.52)	(3.89)	(3.46)	(2.48)	(2.12)
공사원가계	100.00	100.00	100.00	100.00	100.00	100.00

구 분	100억-200억 원 미만			200억 원 이상			
	1999	2000	2001	1999	2000	2001	2002
재 료 비	23.71	22.99	21.59	27.49	27.42	24.85	26.27
노 무 비	8.31	8.49	8.92	6.00	6.22	7.08	5.41
외 주 비 현	55.62	55.60	57.04	53.59	51.96	53.79	54.18
장 경 비	12.35	12.91	12.45	12.82	14.41	14.28	14.13
(기계경비)	(2.55)	(3.07)	(2.79)	(2.19)	(2.26)	(2.92)	(1.15)
공사원가계	100.00	100.00	100.00	100.00	100.00	100.00	100.00

공사규모별 원가분석결과

1) 원가분석결과는 규모가 클수록 노무비의 비중이 낮게 나타났다.

2) 5억 원 미만 공사는 외주비와 현장경비가 낮고 재료비, 노무비가 비중
   이 높다.

3) 100억 이상 규모에서는 외주비의 구성비가 큰 변화를 보이지 않는다.

4) 중소 규모인 30~100억 규모는 외주비와 현장경비 비중이 높게 나타나고 있다.

5) 현장경비의 경우 200억 이상 공사에서 14.28%로 가장 높게 나타내고 있다.

6) 원가요소별로는 재료비 비중이 제일 높은 공사는 5억 미만 규모이고, 30~50억 미만 공사는 19.11% 가장 낮게 분석되었다.

공사규모에 있어서도 개별기업은 수주금액의 기준선을 정해야 할 것이다. 소규모 공사의 경우 직접비 비중이 높은데, 경비, 일반관리비 등 간접비가 큰 기업에서 소규모 현장을 관리한다면 간접비 배부에 의해 실행예산이나 견적금액이 타 기업에 비해 경쟁력을 상실할 수도 있다. 개별기업에서는 공사규모와 기업수주능력 등을 고려하여 견적서를 제출하는 것이 타당할 것이다.

셋째, 2002년 시공능력 순위별 원가구성 비교

1군 업체는 노무비가 평균보다 낮은 것이 특징이고, 외주가공비는 평균보다 조금 높은 편이다. 이는 내부인력보다 외부 아웃소싱을 많이 하는 결과가 아닌가 생각된다. 시공능력 500위 이내의 업체는 재료비 비중이 평균과 비슷한 반면 외주비는 평균보다 약간 큰 비중을 보인다. 반면, 시공능력 501위부터 전문건설업체는 재료비와 노무비 비중이 조금씩 높고 외주비는 평균보다 낮게 나타났다.

〈표 3-11〉 2002 시공능력 순위별 원가구성 비교표

(단위: %)

구 분	1군 (1-100위)	2군 (101-200위)	3군 (201위-300위)	4군 (301-400위)	5군 (401-500위)	6군 (501위 이하)	7군 (토목)	8군 (건축)	9군 (기타)
재 료 비	24.37	22.24	19.77	17.36	20.22	21.11	24.35	33.28	27.29
노 무 비	6.03	7.73	10.67	9.36	10.50	14.86	21.06	19.07	16.19
외 주 비	56.26	56.96	59.32	62.60	57.59	52.70	41.70	38.56	49.89
현 장 경 비	13.35	13.07	10.25	10.68	11.68	11.33	12.89	9.08	6.62
(기계경비)	(1.39)	(2.06)	(3.20)	(2.77)	(3.05)	(3.44)	(5.22)	(1.38)	(1.11)
공사원가계	100.00	100.00	100.00	100.00	100.00	100.00	100.00	100.00	100.00

주) 순위는 토건업체 시공능력 순위임

넷째, 발주기관별 원가구성 비교 특징

1) 2002년도를 기준으로 정부기관 및 지방자치단체, 정부투자기관의 발주공사는 재료비 전체평균 24.36%보다 재료비의 비중이 낮고, 현장경비 비중은 전체평균 12.41%와 비슷한 비중을 나타냈다. 반면에 민간부문은 재료비 비중이 전체평균보다 3.57%(2002년) 높았으며 노무비, 외주비, 현장경비 비중은 전체평균보다 낮았다.

2) 원가요소별로는 외주비가 지방자치단체·공공단체·국영기업체 발주공사에서 상대적으로 높게 나타났다. 현장경비도 상대적으로 높게 나타나고 있다.

3) 정부관련 공사에서 재료비가 낮게 나타나는 것은 도급공사 시 발주처 주문으로 비교적 낮은 가격과 대량발주에 기인하는 것으로 보여진다. 정부관련 공사는 발주처 주문에 의해서 원재료를 공급받음으로써 건설공사 시 재료비가 비교적 낮은 조달청 가격으로 공급된다. 여기에 비해서, 민간 발주공사는 정부조달 가격보다 다소 높고, 주문량도 정부관련 공사보다 적어서, 원재료 가격이 상대적으로 높게 된다.

4) 정부관련 공사는 발주처 주문에 의해 대량구입으로 재료비는 저가로 구입 할 수 있지만, 원재료의 변경이나 최신의 재료 등을 사용하기 곤란한 점도 있다.

〈표 3-12〉 발주기관별 원가구성 비교표

(단위: %)

구 분	정 부 기 관					
	1997	1998	1999	2000	2001	2002
재 료 비	21.20	18.17	21.33	21.26	20.05	18.83
노 무 비	16.53	15.20	12.86	11.81	11.77	10.05
외 주 비	47.49	51.84	51.62	52.21	53.37	58.70
현 장 경 비	14.48	14.79	14.19	14.72	14.8	12.41
(기계경비)	(5.61)	(5.52)	(5.19)	(5.17)	(4.96)	(3.50)
공사원가계	100.00	100.00	100.00	100.00	100.00	100.00

구 분	지 방 자 치 단 체					
	1997	1998	1999	2000		2002
재 료 비	16.71	16.93	17.59	16.85	15.93	16.23
노 무 비	18.30	18.11	15.61	14.39	14.38	12.84
외 주 비	49.61	49.37	50.62	53.37	55.03	57.35
현 장 경 비	15.38	15.60	16.18	15.38	14.66	13.58
(기계경비)	(7.09)	(7.08)	(7.43)	(5.90)	(5.44)	(4.26)
공사원가계	100.00	100.00	100.00	100.00	100.00	100.00

구 분	공 공 단 체					
	1997	1998	1999	2000	2001	2002
재 료 비	18.54	22.90	19.43	21.13	20.03	22.87
노 무 비	15.68	13.91	11.21	11.42	9.31	9.08
외 주 비	51.42	51.41	58.23	54.63	54.78	56.11
현 장 경 비	14.36	11.78	11.13	12.83	15.88	11.94
(기계경비)	(6.25)	(4.95)	(3.51)	(4.49)	(3.15)	(2.78)
공사원가계	100.00	100.00	100.00	100.00	100.00	100.00

구 분	국 영 기 업 체					
	1997	1998	1999	2000	2001	2002
재 료 비	22.47	21.42	24.08	21.35	20.28	21.18
노 무 비	13.54	11.52	9.66	10.47	9.06	8.34
외 주 비	50.46	54.43	54.32	54.64	57.24	58.00
현 장 경 비	13.52	12.63	11.94	13.53	13.41	12.48
(기계경비)	(4.70)	(3.90)	(3.41)	(4.75)	(4.56)	(2.25)
공사원가계	100.00	100.00	100.00	100.00	100.00	100.00

구 분	민 간					
	1997	1998	1999	2000	2001	2002
재 료 비	28.32	28.29	28.02	28.26	28.75	27.93
노 무 비	9.62	8.08	6.85	6.65	7.78	8.91
외 주 비	52.30	52.26	52.78	52.06	51.41	51.00
현 장 경 비	9.76	11.37	12.24	13.05	12.06	12.16
(기계경비)	(1.77)	(1.49)	(1.41)	(1.43)	(1.23)	(1.06)
공사원가계	100.00	100.00	100.00	100.00	100.00	100.00

다섯째, 기업규모별 원가구성 비교를 해보면

1) 노무비는 대기업일수록 낮게 표시되었다. 대기업은 아웃소싱에 비중을 두고 있다. 따라서 일부 기술관련 노하우 등을 외부에서 보유할 수도 있다.

2) 현장경비는 대기업일수록 크게 나타났다.

<표 3-13> 기업규모별 원가구성 비교표

(단위: %)

구 분	소 기 업 (50인 미만)					
	1997	1998	1999	2000	2001	2002
재 료 비	28.40	23.40	20.86	21.42	23.02	25.20
노 무 비	22.65	20.86	19.53	16.77	16.83	16.41
외 주 비	36.66	42.998	46.09	49.49	47.53	47.57
현 장 경 비	12.29	12.75	13.51	12.35	12.62	10.82
(기계경비)	(5.43)	(5.22)	(5.70)	(4.99)	(4.62)	(3.04)
공사원가계	100.00	100.00	100.00	100.00	100.00	100.00

구 분	중 기 업 (50인-300인 미만)					
	1997	1998	1999	2000	2001	2002
재 료 비	24.95	23.30	23.35	23.98	22.22	21.80
노 무 비	12.46	11.98	9.32	8.13	8.74	7.56
외 주 비	51.37	51.60	54.27	54.64	56.48	57.92
현 장 경 비	11.22	13.12	12.87	13.25	12.57	12.72
(기계경비)	(2.98)	(3.36)	(3.44)	(3.35)	(3.23)	(2.28)
공사원가계	100.00	100.00	100.00	100.00	100.00	100.00

구 분	대 기 업 (300인 이상)					
	1997	1998	1999	2000	2001	2002
재 료 비	24.96	25.57	26.57	25.71	23.64	24.51
노 무 비	8.97	8.01	6.76	6.95	7.15	5.98
외 주 비	54.84	54.32	53.75	53.32	55.39	56.20
현 장 경 비	11.24	12.10	12.92	14.02	13.82	13.31
(기계경비)	(2.81)	(2.59)	(2.26)	(2.46)	(2.68)	(1.24)
공사원가계	100.00	100.00	100.00	100.00	100.00	100.00

　공사비의 구성요소를 공사종류별, 공사규모별, 도급순위별, 발주기관별, 기업규모별로 살펴보았다. 이중 특이한 사항은 정부관련 업체는 전체 평균보다 현장경비와 외주가공비가 상대적으로 높게 나타났으며 민간업체는 재료비 비중이 평균보다 높은 것으로 조사되었다. 이런 현상은 발주처 주문방식에 따른 장단점이 있어 나타난 것으로 생각된다. 이렇게 구성되는 원가가 실행예산 수립과 어떤 차이가 있는지 살펴보자.

　지급 형태 위주로 분석되는 원가는 실행예산을 수립하는 과정과 다른 모습을 띠고 있다. 실행예산은 구체적으로 어떤 일을 할 것이며 여기에 필요한 예산을 수립하는 데 반하여 원가관리부서인 경리 회계 부서는 재료비, 노무비, 경비로 관리하다 보니 예산을 수립·집행하는 곳과 관리하는 부서의 서로 다른 관점의 원가 분류가 이루어지고 있다. 실행예산과 공사원가 계정과목을 비교해 보면 다음과 같이 요약할 수 있다.

〈표 3-14〉 실행예산과 공사원가 계정과목 분류 대비표[14]

실행예산			공사원가	일반관리비	총공사예정원 가상 포함 여부
공 정 명		내 역	계정과목	계정과목	
직접 공사비	1) 건축공사 2) 토목공사 3) 설비공사 4) 전기공사 5) 공통가설공사 6) 부가가치세	·철근콘크리공사 외 ·기초터파기 공사 ·소화설비공사 ·약전설비공사 ·각 공정에 해당되는 공사 ·면세현장 매입부가세	재료비·노무비 ·외주공사비 〃 〃 〃 〃 부가가치세	- - - - - - -	포 함
지원 공사비	1) 현장운영비 2) 산재보험료 3) 안전관리비 4) 하자보수충당금	현장직원급료 노무비에 대한 보험료 안전장구대 공사하자보수비	경비 〃 〃 (충당금전입액)	- - - 하자보수비	포 함 〃 〃 〃
분담금	1) 상하수도분담금 2) 학교시설분담금 3) 농지전용분담금 4) 가스인입공사비 5) 교통부담금 6) 기타 인허가 조 건부담금				포 함
간접비	본사관리비	현장지원관리비	-	급료 외	제 외

　　활동단위분할은 공정관리의 초기에서 이루어지는 가장 중요한 핵심이다. 실
행예산의 Activity를 살펴보기 위해 대한주택공사에서 APT공사에 대한 자원과
Activity를 고려한 작업 분류체계를 보면 <그림 3-2>와 같이하고 있다.

---

14) 함인범, 건설업회계, 조세통람사, 2002.

〈그림 3-2〉 대한주택공사의 APT공사에 대한 공사분류체계[15]

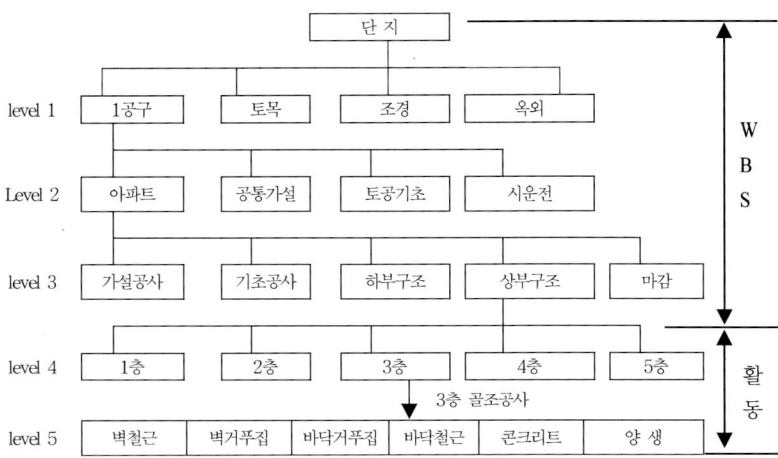

주) 건설공사 관리체계(Work-Breakdown Structure: WBS): 범위, 일정, 예산의 효율적 관리

　공사를 5단계로 나누어서 각각의 범위 내에서 관리 가능한 범위를 정하고 각각 활동을 통제하게 된다. 간접비를 최대한 줄여 직접비로 모든 공정을 관리하고 공종 활동 개선을 한다면 현장과 경영관리 부서 간에 의사소통도 원활하고 관리점도 쉽게 찾을 수 있을 것이다. 활동범위를 정하고 어느 범위로 통제할 것이냐가 현실적인 문제이다. 통제로 인하여 오히려 업무가 지연될 수도 있기 때문에 단점이 될 수 있는 부분을 고려해야 한다.

15) 박홍태외 1명, ‘주공의 종합공정관리 전산시스템 구축 시안(I)’, 대한주택공사 주택연구소, 1996, pp.68-69.

제2절 건설원가계산의 목적과 체계

1. 원가계산의 개념

원가계산은 기업 경영자나 종업원은 물론 일상생활에 있어 무엇인가를 생산하는 데 발생되는 비용에서 많이 쓰는 중요한 개념이다.

원가(cost)란 간략히 "특정 재화나 용역을 창출하기 위하여 희생된 경제적 자원을 화폐액으로 평가한 것(Monetary Sacrifice)"으로 정의 내릴 수 있다.16)

여기에는 두 가지 점에 유의해야 한다.

첫째, 원가란 자원의 소비에 기인한다는 것이다. 본질적으로 원가는 개인 또는 조직이 보유하고 있는 자원의 소비로 인해 발생한다. 자원의 소비는 왜 그리고 어떻게 이루어지는가? 그것은 한마디로 활동(Activity) 때문이라고 할 수 있다. 종업원이나 경영자 등 사람이 보유한 인적자원은 시간경과와 더불어 소비되는 활동(예: 서류작성, 전달, 대기 등)이 이루어지는 동안 발생하는 것이다.

둘째, 원가란 파악하고자 하는 대상, 즉 의사결정상 관심을 갖는 대상 (object)과 관련지어 파악해야 한다는 것이다. 경영자가 파악하고자 하는 원가 집계의 목적물을 원가대상(cost object)이라고 한다. 경영자를 비롯한 정보 이용자가 궁금해 하는 그 무엇을 원가 대상이라고 부르는데 학문적으로는 "별도의 원가측정이 요구되거나 계산이 이루어짐이 바람직한 대상"으로

---

16) 신홍철, 관리회계, 경문사, 2001, pp.87-93.

정의한다. 원가대상은 매우 다양하다. 그러나 최종 원가 집계를 위해 활용하는 기본적인 원가대상은 활동(Activity)이라고 할 수 있다. 그 후 최종 원가대상은 공사종류가 되어야 한다.

활동을 중심으로 한 새로운 원가계산방식을 ABC(Activity-Based-Costing: 활동기준원가: ABC)라고 부른다.

원가계산은 '제품이나 서비스와 같은 목적물'을 만드는 데 소요된 원가를 파악하는 기법이라고 할 수 있다.

원가회계의 발전을 보면 각 제품의 판매가격을 결정하기 위한 기초자료로 원가정보가 필요했다. 기업 내 다양한 활동을 효율적으로 수행하기 위한 목적에서 다양한 원가정보를 필요로 하게 되는데 이것이 곧 원가관리(Cost Management)목적이다.

원가정보는 사업범위의 확대 및 축소에 관한 구조조정 그리고 규모의 경제를 추구하기 위한 대량시설의 타당성 검토 및 단기이익 계획 등 다양한 경영관리 및 의사결정에 유용하게 활용된다.

원가계산은 외부보고를 위한 재무제표 작성목적은 물론 가격결정 그리고 원가관리 및 이익관리, 성과평가 등 다양한 목적으로 수행된다. 이를 그림으로 표현하면 <그림 3-3>과 같다.

〈그림 3-3〉 원가계산의 목적

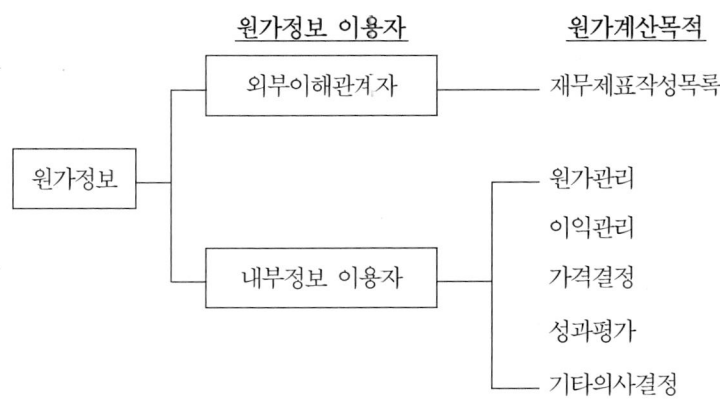

이런 목적으로 제공된 원가정보는 의사결정 상황에 적합한 원가정보로 활용된다.

2. 건설원가계산 목적

일반적으로 원가라고 하면 목적 활동을 수행하는 과정에서 발생하였거나 발생 할 수 있는 소비재를 화폐가치로 측정한 것을 의미한다. 공사원가는 공사를 완성시키는 데 들어가는 자재와 용역, 장비, 경비 등 소비재를 금액으로 계산한 것을 말한다. 공사원가는 몇 가지로 구분해 볼 수 있다.[17]

첫째, 예정원가와 실제원가 발생시점을 기준으로 발생 예상되는 사전원가를 예정원가라 하고 이미 기 발생된 원가 즉 사후원가를 실제원가라 한다.

---

17) 권석훈, 건설경영실무. 기문당, 2001년, pp.56-57.

둘째, 견적원가와 표준원가

견적원가는 향후 집행될 공사에 대한 원가구성을 과거의 집행실적을 참고하여 설계나 공법의 경제성을 검토하여 공사 발주를 위한 의사결정으로 쓰일 목적으로 추정한 원가를 말한다.

표준원가는 견적원가와는 달리 실적자료에 대한 과학적이고 통계적인 조사를 기초로 하여 계산한 원가이다.

셋째, 실행예산 원가

건설원가에서는 표준원가의 설정이 어려우므로 예정원가를 견적원가와 실행예산 원가로 쓰인다. 실행예산 원가는 도급공사를 수주할 때 제시하는 견적원가 중 추후 수주가 확정된 이후 공사 집행단계에 가서 다시 세밀하게 검토된 시공계획과 과거 실적자료 등을 정밀 검토한 후 재편성한 예정원가를 의미한다.

부동산건설업에서는 공사원가 계산과 분양원가 계산으로 나누어 볼 수 있다. 공사원가 계산은 발주처와 맺은 도급공사계약을 근거로 하여 건설공사의 현장 완성도에 따라 원가가 계산된다. 즉 대차대조표상에 각 원가요소의 발생액을 기재하면 된다.

분양원가 계산은 자체공사 중 시공할 때 나타나는 것으로 원가계산 방법이 분양수익이 발생하지 않을 경우는 도급공사원가계산과 같지만 공사 진행도중 분양수입이 발생할 경우는 대차대조표 차별에 공사미수금을, 대변에 분양수익을 각각 표시해 준다.

원가계산의 가장 큰 목적은 기업이 생산판매하는 재화나 용역을 생산하는 데 발생된 비용을 집계하는 것이라 할 수 있다. 부동산건설업의 특징이 분양가격(판매가격, 수주금액)이 결정된 후 건설원가를 산정하고 이익을 실현시켜 기업가치를 극대화시키는 특징이 있다. 따라서 수주 후 기업가치를 높이기 위해 부동산건설 원가계산은 더욱 중요하다. 이 과정을 요약해 보면 다음과 같다. 총 분양가격에서 공사증류별 활동 원가를 차감하면 된다. 즉 다음과 같이 표현 할 수 있다.

$$<식\ 1>\ \sum P - \sum C = \pi$$

P: 분양가격, 수주금액

$\sum$P: 총 분양가격

C: 개별 건설 활동 원가

$\sum$C 개별 건설 활동 원가의 합

π: 기업 이익

<식 1>에서와 같이 $\sum$P(분양가격)가 확정된 상태에서 기업이익을 극대화 하기 위해서는 개개의 원가구성 항목을 정확히 파악하여 불필요한 행동은 모두 제거시키는 것이 중요하다. 이런 의미에서 건설원가는 수주 전에는 특정 공사를 얼마에 입찰할 것인가에 관심이 있게 되고, 수주 후에는 얼마의 이익을 창출시킬 것인가에 초점이 모여진다.

결국 건설업 원가 계산의 주목적은

1) 원가 절감을 목표로 한다.
2) 불필요한 행동을 제거할 수 있도록 한다.
3) 선택 가능한 여러 원가 활동을 할 수 있도록 도와준다.

부동산 건설 경영에서는 분양가격(수주 금액)이 정해진 다음 고객의 요구수준에 맞추어 원가관리, 안전관리, 공정관리, 품질관리가 이루어지는 것을 볼 수 있다.

건설업에서 공종별 활동기준원가가 필요한 것은 분양 가격(수주 금액)이 결정된 후 고객의 요구수준에 맞추어 재화나 용역이 제공되어야 할 것이기 때문이다.

만약 분양가격(수주 금액)보다 발생원가가 더 크다면 당연히 계속기업 활동은 어려워진다. 따라서 분양가격(수주 금액)을 결정하기 전에 세우는 견적원가와 분양가격(수준가격)이 확정되어 공사에 착공할 때 수립하는 실행예산 원가계산 그리고 경영원가 통제 목적으로 하는 원가관리는 모두 통일된 활동과 같은 방법으로 구성되어지고 사전사후에 관리를 해야 할 것이다.

3. 건설원가의 체계

<식 1>에서 $\sum P - \sum C = \pi$로 표현되었는데 $\sum C$의 구성요소를 분석해 보면 여러 구성요소로 되어 있음을 알 수 있다.

첫째, 전통적인 회계관리상의 원가요소별 집계를 중심으로 도급공사비를 살펴보자.

〈그림 3-4〉 건설원가의 구성[18]

재료비·노무비 장비비·외주비 직접경비	직접공사비	공사원가	총원가 (ΣC)	도급공사금액 (ΣP)
	간접공사비			
		판매비 및 일반관리비		
			적정이익	

총원가는 ΣC를 구성하는 데 비용의 지출을 중심으로 집계하게 된다. 현행 원가분류 체계는 원가 집계에 있어 희계관리상의 체계에 따라 원가항목 중심으로 집계되고 있으므로, 현장의 공사가 진행되어 가는 순서에 따라 시간적 또는 공사부위별로 이루어지지 못하고 있다.[19]

둘째, 여러 가지 원가목적에 부합하는 사전적·사후적 개념의 측면에서 원가를 분류할 수 있다.

---

18) 최동락, 'IMF 체제하의 건설업 원가계산의 개선 대책', 산업경제연구 제11권 3호 p.193 참고 재구성.
19) 박찬정, '일정과 원가를 통합한 건설공사 관리시스템 구축에 관한 연구', 명지대학교 박사학위논문, 1999, p.56.

<그림 3-5> 원가계산의 종류[20]

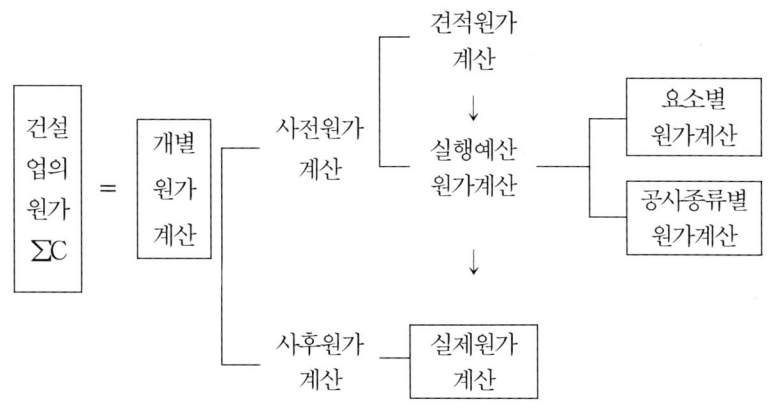

셋째, 정부 및 공공단체에서 사용하고 있는 예산회계 처리법의 원가계산
에 의한 예정가격 작성준칙을 보면 '공사원가라 함은 공사 시공과정에서
발생한 재료비, 노무비, 경비의 합계액을 말한다.'고 명시하고 있다.

(정부예산회계 처리기준 제5조)

〈표 3-15〉 공사원가 원가요소별 비교

기업회계기준서 제12호	국가를 당사자로 하는 계약에 관한 법률
재료비	재료비
노무비	노무비
경 비	경 비
외주 경비	일반관리비

---

20) 최동락, 전게서, p.194.

원가와 관련된 업무는 견적 단계를 거쳐서 도급액을 확정짓고, 발주처 도급액을 기준으로 정확한 공사물량과 적정단가를 산출확인함으로써, 실제 공사수행이 가능한 금액을 재조정하여 실행내역을 확정하여, 공사 손익관리를 하게 된다. 원가분류 체계는 공사수주 전 견적내역, 공사수주 후 도급내역, 실행내역, 투입원가가 상호 종속적인 관계로 작성되어 관리되어야 하나, 지금 실정은 견적원가, 실행예산원가, 실제투입원가가 서로 분리 운영되고 있는 실정이다.

국내의 원가분류체계는 공사비 내역서 또는 실행예산 내역서에 근거하여 작업을 분류한 것으로, <그림 3-6>과 같이 실행예산 내역서를 원가분류 체계로 도식화한 것이다. 원가분류 체계는 공사를 수행하기 위한 원가를 공종별 또는 비목별로 분할한 것으로, 원가분류기준은 Level 1부터 Level 3까지 다음과 같다.

1) Level 1: 대공종(공사 분야별): 건축, 트목, 전기, 설비 등으로 분류
2) Level 2: 중공종(협력업체 계약단위)
    원가관리 목적에 따라서 가설공사, 토공사, 철근콘크리트공사, 조적공사 등으로 분류
3) Level 3: 비목단위(재료비, 노무비, 외주경비, 경비 등)

〈그림 3-6〉 원가대상 및 원가분류의 예

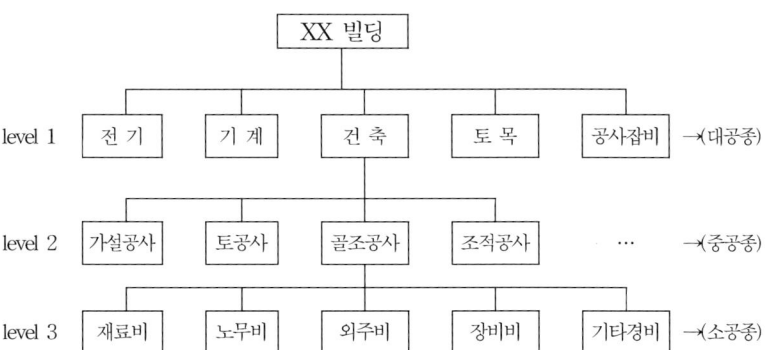

공사종류별 예산을 재료비, 노무비, 외주비, 장비비, 기타경비 등으로 분류하며 대부분의 건설업체들은 실행예산을 원가관리의 주요소로서, 공사수주 이후 도급내역에 근거하여 실공사비 및 경상비를 추정하여 예산을 편성하고 있다. 그러나 경영관리차원에서 각 Level별 Activity로 원가를 통제해야 한다. 부가가치가 높은 Activity를 중심으로 실행예산의 집행이 되도록 해야 할 것이다.

부동산건설업에 있어 원가산정 기준이 되는 견적원가 체계를 살펴본다. 실무에서 이루어지고 있는 견적업무 관련 흐름도를 보면 <그림 3-7>과 같다. 견적을 산정하여 입찰에 응할 때까지도 계획에서 조사, 설계, 물량산출 및 예정가격 산출의 절차가 복잡하다. 견적서를 제출하여 계약이 체결되면, 계약에 대한 이행으로 공사를 감독하고, 완료해야 한다. 한편, 내부적으로는 계약금액 범위 내에서 이익을 창출해야 하는 기업은 별도의 실행예산을 수립하여 예산을 통제하고 실행예산을 기준으로 하여 최종 결산과 사후 실적평가를 한다.

〈그림 3-7〉 견적업무 흐름[21]

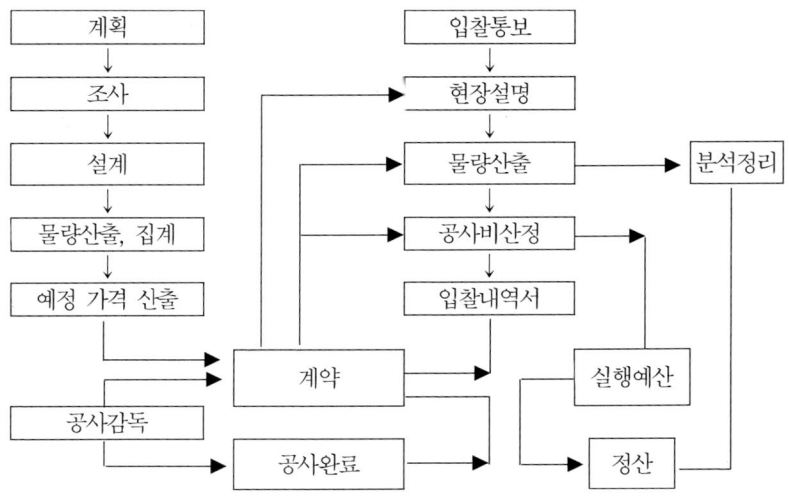

계약을 하기 위해 산출하는 견적도 작성자와 작성 시기에 약간의 차이가 있다.

견적의 종류를 작성 시기 및 목적에 따라 분류하면 다음과 같다.

21) 최동락, 상게서 p.20.

〈표 3-16〉 견적의 종류[22]

작성 시기	작성자	내 용
건축설계 시	건축주	개산공사비
설계도작성 시	설계자	공사예정기
입찰계약 시	입찰자	입찰 및 계약서
시공 시	시공자	실행예산, 정산서

	세 분	내 용
	1 단위면적(용적)기준	평(m^2)당 용적당(m^3)공사비
개산 견적	2 단위 기능 기준	예)학생1인당 병상 1개당 공사비
	3 요소별 취함	바닥, 벽, 천정 기준공사비
명세 견적		원가계산방식

건축설계 시 건축주가 하는 개산공사비 견적이 있다.

개산공사비는 공사비를 단위면적 또는 단위 기능별로 정확하지는 않지만, 대략적인 공사비를 계산하는 것이다. 설계도 작성 시 설계자가 하는 견적이 있는데, 이것은 공사가 예정되어 있을 때 행한다. 입찰 계약 시에는 입찰에 응하는 입찰자가 계약을 체결하기 위한 견적을 산출한다. 또한 시공 시에 시공자가 하는 견적은 실행예산으로 볼 수 있다.

<그림 3-8>은 실제 공사비를 집행하고 계정과목별로 집계하는 절차를 나타내고 있다.

현장원가를 공사종류별원가, 공통공사비원가, 경비, 본사관리비 등으로 구분하여 나타내고 있다. 이는 재료비, 노무비, 경비 등으로 재분류 할 수 있다.

---

22) 대우건설, 공사실행지침서, 1991, pp.10-12.

〈그림 3-8〉 공사비 산정체계[23]

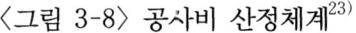

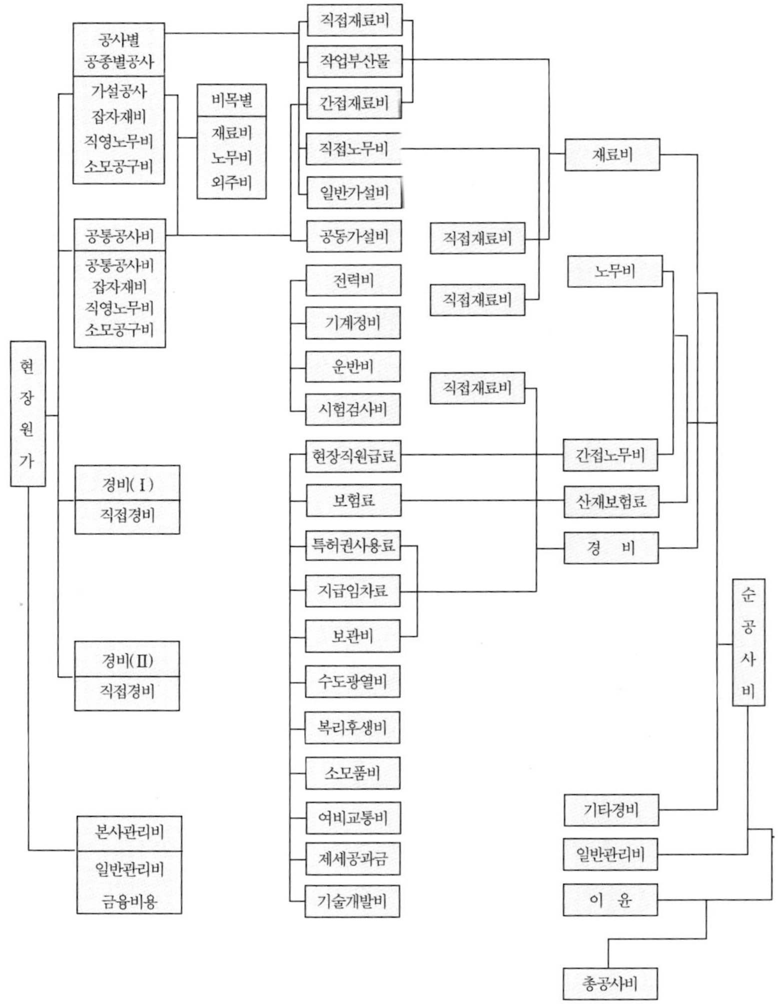

현장원가	공사별 공종별공사		직접재료비			
			작업부산물			
	가설공사 잡자재비 직영노무비 소모공구비	비목별 재료비 노무비 외주비	간접재료비		재료비	
			직접노무비			
			일반가설비			
	공통공사비		공동가설비	직접재료비	노무비	
	공통공사비 잡자재비 직영노무비 소모공구비		전력비	직접재료비		
			기계경비			
			운반비	직접재료비		
			시험검사비			
			현장직원급료		간접노무비	
	경비(Ⅰ) 직접경비		보험료		산재보험료	
			특허권사용료		경비	순공사비
			지급임차료			
			보관비			
	경비(Ⅱ) 직접경비		수도광열비			
			복리후생비			
			소모품비			
			여비교통비		기타경비	
	본사관리비 일반관리비 금융비용		제세공과금		일반관리비	
			기술개발비		이윤	
					총공사비	

---

23) 최동락, 상게서, pp.201-203.

제3절 원가관리 현황과 향후과제

1. 원가관리의 현황

1) 사후계산 위주의 관리

부동산건설기업은 견적원가를 작성한 후 시공이 확정되면 수주금액에 맞는 실행예산을 수립한다. 실행예산 작성 시 견적원가 자료를 그대로 사용하지 않는 것이 현실로, 실행예산 수립은 대부분이 새로운 가격과 수량을 재조사하여 작성하게 된다. 또한 원가관리 목적으로 작성되는 회계부서의 원가는 재무제표 작성을 위한 계정과목 체계로 관리하게 된다.

기업의 입장에서는 내부관리와 외부 재무보고를 모두 충족시켜야 하는데 외부보고에 치중하는 결과를 가져오다 보니 내부관리가 소홀해지기 쉽다. 즉, 현장의 공정과 비용이 같은 활동(Activity)으로 통제되지 못하고 단지 원가계산 위주로 재료비, 노무비, 경비, 외주비로 관리되는 문제점이 나타나게 된다. 이제 원가관리 목적이 외부보고보다는 내실을 기하는 쪽에 비중을 두어야 할 것이다. 회계기준이 기업을 제약하는 외부 환경으로 간주하다 보니 내부관리 목적의 회계가 발달되지 못하고 단순히 집행된 자금의 원가계산 위주로 관리되어지게 된다. 경영자에게 다양한 정보를 제공하지 못하고 경영혁신에 기여도가 높지 못한 상황이다.

2) 프로젝트의 표준원가 미적용과 실행예산의 문제점

부동산 건설기업은 각 프로젝트마다 모두 다른 환경과 조건에서 시공하기 때문에 표준원가 적용이 사실상 불가능하다. 표준화가 어려운 가운데 일정과 원가를 모두 관리해야 하는데 일정과 원가가 사전에 통제되지 못하고 공사가 완성된 후에 이를 발견하게 되면 수주 금액은 확정되어 있고 비용은 이미 실행예산을 초과하게 되어 예상했던 이익을 실현하지 못하게 된다. 「$\sum P - \sum C = \pi$」 식에서 얻고자 하는 이익을 달성하기 위해서는 사전에 철저한 관리가 요구되어진다. 다양한 형태의 사업 조건으로 표준화가 어렵다는 이유만으로 원가관리 체계를 변경시키지 못하면 건설기업의 원가관리는 계속해서 사후 원가계산의 계산 목적 외에 경영의사결정의 정보제공 능력을 상실하게 될 것이다.

공정별 하부단위의 Activity를 일정한 범위에서 표준화 조건을 수립하여 견적원가를 산출하고 이에 기초한 수주 금액이 되어야 계속기업으로 성장해 나갈 수 있을 것이다. 공정관리, 원가관리의 소프트웨어격인 활동요소의 혁신적 변화가 있어야 한다.

공사 실행예산을 편성하기 위해서는 합리적인 계산 방법이 사용되어야 하는데 그 실태를 분석해보면 그렇지 못하다는 것이 드러나고 있다.

건설기술연구원의 연구보고서에 의하면 실행예산의 실정 및 운영에 있어 다음과 같은 문제점을 지적 제시하고 있다.[24]

(1) 실행예산을 편성함에 있어 합리적인 계산이 이루어져야 함에도 불구하고 일부 비율에 의해 산정된다. 즉 실행예산을 최고 경영층이 허

---

24) 최동락, 상게서, p.20.

용하는 비율(실행률)로 삭감된 허용 예산제도에 따르고 있는 것이 대부분이라는 것이다.

(2) 실행예산의 세목분류에 일정한 기준이 없다. 즉, 실행예산을 작성하는 사람의 재량과 판단에 의하여 실행예산의 내역이 분류되는데 이 같은 분류는 공통적으로 처음 분류단계인 공정별 분류방법을 사용하고 있다는 것이다. 실행예산서의 공정별 분류와 전산망 활용의 활동별 분류가 상이하다. 그리고 공사현장에서 설계변경 및 고객 요구수준 변화에 따라 실행예산이 변경될 수 있다. 부동산건설업의 공정이 상이하고 표준화가 어려운 이유는 전산망 구축도 어렵게 한다. 부동산 건설업의 특수성으로 인한 것이지만 현장과 본부 부서 간에 공통된 Activity에 의한 전산망 구축이 없이는 관리혁신을 꾀하기 어렵다. 또한 제도상의 문제점이 있는데 국가를 당사자로 하는 계약에 관한 법률이나 건설업 회계 처리기준에 비목이 상이하고 항상 틀에 박힌 계정과목 위주로 모든 것을 통제하다 보니 부동산 건설 분야의 관리능력이 발전되지 못하는 또 하나의 이유라 할 것이다. 현장의 일정과 공정관리, 원가 모두를 통제 할 수 있는 전산 시스템의 개발이 필요한 실정이다. 원가계산 시스템은 최소한의 법규정에서 요구하는 정보만을 제공할 것이 아니라 경영자에게 원가정보를 더 많이 제공해야 한다.

2. 원가관리 향후과제

부동산건설업 원가관리도 재무회계 목적의 원가와 현장관리원가가 체계적으로 되도록 개선해야 한다. 건설 원가는 분양가격(수주 금액) 결정 후 가장 경제적인 시공계획을 세워 이것에 기초한 실행예산이 수립되고 실행에 의한 원가관리도 이루어진다. 수주금액과 실행에 의한 원가관리의 관계는 <그림 3-9>와 같이 나타낼 수 있다. 수주금액은 견적에 기초해서 계약금액으로 확정된 것이다. 확정도급액과 도급기성은 공사수익을 계산할 때 중요한 역할을 한다.

〈그림 3-9〉 수주금액과 실행에 의한 원가관리[25]

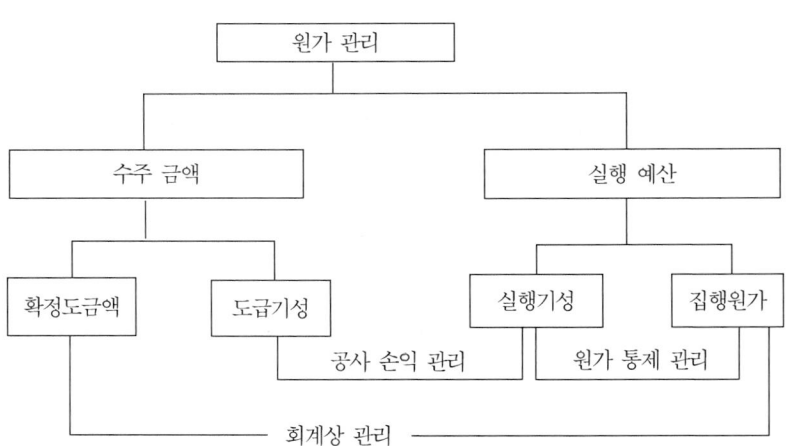

실행예산의 실행기성과 도급기성이 중요한데, 실행기성이 더 커지면 추가공사비가 발생되는 것으로 공사손실의 염려가 있다. 실행기성과 집행원가의 차이가 원가 통제가 되는 것이다.

실행예산은 공사의 합리적 경제적 시공과 공사원가의 절감이라는 목표 아래 공사의 손익을 사전에 계획하여 현장원가뿐만 아니라 회사 목표의 관리지표가 된다.

---

25) 박찬정, 전게서, p.60 수정.

　원가를 관리하기 위해서는 공사 진행 중 투입된 실제비용과 예정비용을 주기적으로 비교해야 한다. 그러나 실행예산과 실 투입원가에 대해서는 여러 증빙의 차이와 함께 엄격히 관리되지 못하고 있는 실정이다. 또한 공사 진행 중에 공사의 추가, 삭제, 변경 등이 발생될 경우, 이러한 수정 내역을 올바른 실행예산에 반영하여 관리하기가 어렵다. 현장에서 이루어지는 활동과 회계상의 원가관리를 좀 더 체계적으로 관리할 필요성이 제기되고 있다. 원가관리의 일원화와 효율성을 위한 원가관리 개선 방향으로 활동기준원가(ABC)에 의한 관리의 필요성이 커지고 있다.

　또한, 원가관리는 가치공학적 접근에 의해서 이루어져야 할 것이다. 부동산건설업의 특성상 수주금액(판매금액)이 확정되고 원가를 발생시키므로 가치 공학적 접근을 하여 불필요한 기능을 제거할 필요가 있다. 확정된 수주금액으로 최소단위 활동을 찾아 불필요 기능을 제거하여 원가절감 요인을 찾는다. 이제까지 재료비, 노무비, 경비 중심의 원가관리는 정확히 어느 부분을 얼마만큼 누가 감소해야 하는지 제대로 제시하지 못하였다. 그러나 활동에 의한 예산수립과 원가관리는 불필요한 기능을 보다 구체적으로 제시해 주고 관리 중점사항을 찾게 해준다. 관리 중점사항을 구체적이고 현실적으로 찾기 위해 가치 공학적 접근과 활동기준원가(Activity Based Costing)가 필요한 것이다. 이를 그림으로 나타낸 것이 <그림 3-10>이다.

〈그림 3-10〉 VE 접근방법

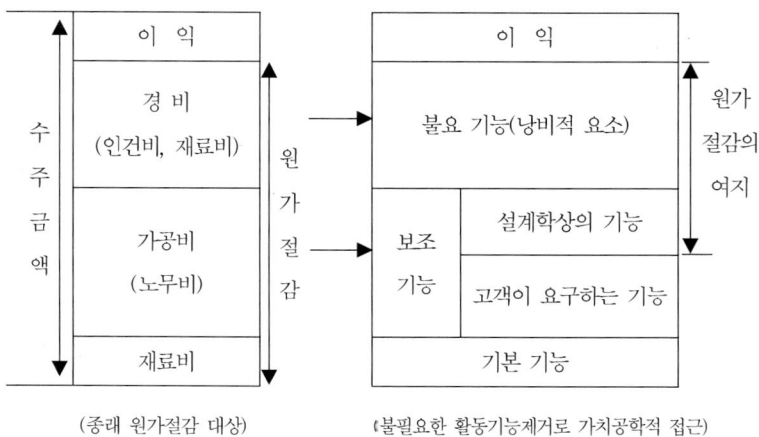

<그림 3-10>에서 보는 바와 같이 수주금액 전체를 원가절감으로 하는 경우 정확히 절감의 대상이 무엇인지 파악하기 어려운 구조이다.

따라서 가치공학적 접근으로 기본기능과 최소한의 원가요구수준 기능을 두고 나머지는 낭비적 기능으로 보고 원가를 절감하는 것이다.

제4장 공종별 활동기준 원가관리 기법의
도입 가능성 분석

제1절 활동기준 원가관리 도입배경과 개념

1. 도입배경

활동기준원가(Activity Based Costing)가 맨 처음 도입된 산업은 제조업이다. 1920년대부터 제조업에서 전통적으로 사용되던 원가 계산방법이 변화하기 시작한 것은 기업의 대내외적 변화에서부터 이다. 기업 간의 경쟁이 치열해지면서 타 기업과 경쟁할 수 있는 제품을 시장에 제공하기 위해 경영자에게는 정확한 원가정보가 필요하게 된 것이다.

산업초기에는 직접 노무비와 재료비가 차지하는 비율이 높았으나 점차 간접비가 증가하고 재료비와 노무비의 비중은 낮아지기 시작했다. 또한 소비자의 욕구가 다양해지면서 소품종 대량 성산 체제에서 다품종 소량 생산으로 전환되었다. 지난 50여 년간 제조원가 구성구조 추세 변화를 보면 <그림 4-1>과 같은 변화가 있었다.

산업화가 급속도로로 진행된 지난 50여 년간 생산 환경의 변화와 시장 여건의 변화로 인하여 원가구조가 급격히 변화하고 있었다. 자동화율에 따라 노무비, 직접재료비는 감소하는데 제조 간접비가 급상승하고 있는 것이다. 직접비보다 간접비의 증가로 제품원가가 급격히 상승하기 시작했다. 총

제조원가 중에서 간접비의 비중이 커짐으로 해서 경쟁력이 낮아지자 직접비를 중심으로 제품원가를 결정하려 했다.

간접비는 각 제품별로 배부를 해야 하는데 기준이 획일적이라 정확하지 않은 원가배분이 된 것이다. 즉 간접비의 증가와 획일적인 배부기준으로 인해 제품원가가 왜곡현상이 일어났다. 이렇게 산출된 제품원가는 자연히 경영자에게 목적적합한 정보로 이용되지 못하게 되고 목적 적합성의 상실을 초래하게 되었다.

<그림 4-1> 미국 제조업의 원가구성 구조 추세 변화

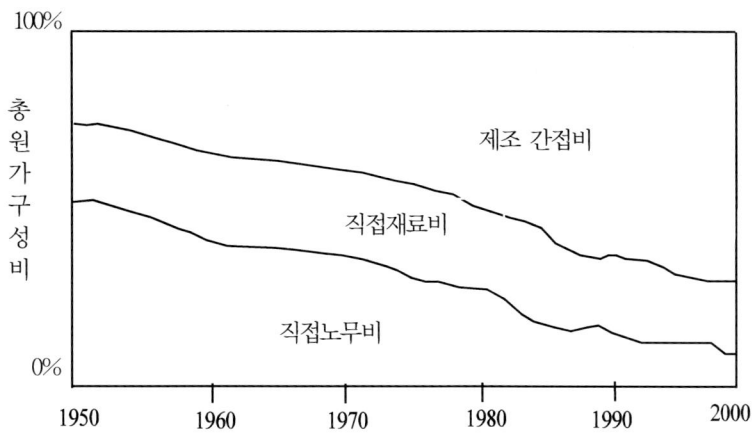

주) 과거 40년간 Cost 행태, 월간회계, 2003년 6월 p.25

새로운 환경에서는 새로운 시스템을 통한 현상설명 및 분석, 조정이 이루어져야 함에도 불구하고 실제로는 실무상의 성과를 여전히 전통적인 원가회계나 경영통제시스템을 통해 측정하는바, 이들 시스템으로부터 창출된 관리회계정보는 오히려 새로운 방식의 장점을 활용하는 데 걸림돌이 되었다.26) 전통적인 원가시스템이 목적적합성을 상실하게 되는 이유는 제조 간접비의 제품 원가 배부에 있어 새로운 배부기준이 없이 획일적, 전통적 방법으로 배부되어 원가가 왜곡되는 현상이 나타났다. 기업 환경이 변화함에 따라 지금까지 사용하여 오던 전통적인 원가계산 제도는 제품원가의 정확한 파악이 어렵기 때문에 새로운 원가계산 제도를 도입해서 정확한 원가계산을 하게 된 것이다. 즉 구체적으로 활동기준원가가 필요하게 된 것이다. 활동기준원가가 등장하게 된 원인을 정리하면 다음과 같다.

첫째, 소비자의 욕구가 다양해짐으로써 기업 간에 경쟁이 치열해졌고 이로 인해 생산방식에 변화가 있었다. 종전의 소품종 대량생산 체제에서 다품종 소량생산으로 바뀌었다.

둘째, 공장자동화에 따른 원가구성에 변화를 가져왔다.

셋째, 제품의 종류가 다양해지고 제조 간접비의 비중이 증가함에 따라 전통적으로 사용하여 오던 직접노동시간, 기계시간 등 조업도에 근거한 배부기준에 의하여 제조 간접비를 제품에 배부하는 방법은 제품원가산정에 왜곡을 초래하게 되었다.

넷째, 종전에는 제품의 제조과정이 기업 활동의 대부분을 차지하였으므로 제품의 제조과정에 초점을 맞추어 단지 제조원가만으로 제품원가를 계산하여 왔으나, 최근에는 제조원가뿐만 아니라 연구개발, 제품설계, 마케팅, 유통, 고객서비스 등의 원가가 큰 비중을 차지하게 되어 원가 개념이 확대되었다.

다섯째, 컴퓨터통합생산시스템(Computer Integrated Manufacturing: CIM)의

---

26) 신홍철, '관리회계의 혁신', 1993. p.69.

도입으로 모든 사무 및 생산기능을 연결시켜 이와 관련된 활동에 대한 정
보망이 구축되는 등 정보수집기술이 발달함에 따라 과거에는 수집이 불가
능하거나 수집하는 데에 많은 비용이 소요되던 정보를 적은 비용으로 손쉽
게 수집하여 이용하는 것이 가능하게 되었다.[27]

　활동기준원가(Activity-Based-Costing　이하 "ABC"라 한다.)계산의 용어가
처음 사용된 것은 1971년 초이다.[28]

　1971년도 초에 Staubus는 활동기준에 의한 경영시스템을 최초로 제안하였으
며, '활동기준원가계산과 투입-산출물회계(Activity Costing and Input- Output
Accounting)'란 저서를 간행하였다. 그러나 그 당시는 새로운 형식의 원가계산
에 무관심 하였으며, 활동 자료를 수집하는 데 필요한 컴퓨터시스템 등 정보
기술(IT)의 부재로 체계를 갖추지 못하였다. 1984년에는 Kaplan과 Johnson이
기존의 원가시스템을 비난했으며, Cooper는 간접거래 또는 활동에 따라 원가
를 배분하는 원가시스템으로서 새로운 기법인 활동기준원가(ABC)를 개발하
였다.

　ABC란 용어는 1986년도에 하버드 비즈니스 스쿨(Harvard Business School)
에서 개발한 사례(John Deere Component Works)에서 특별한 관심을 받기 시
작하였다.[29]

　ABC를 현재와 같은 개념으로 정착시킨 사람은 Cooper와 Kaplan이다. 특

---

27) 김한선, 활동기준원가계산 및 관리에 관한 연구, 한양대학교 대학원석사, 1999.
　　12月, pp.8-9.
28) 이동찬, 활동기준원가관리 시스템에 대한 기업내부고객의 만족도와 경영성과
　　에 관한 연구, 1997 12月 pp.9-10 재인용.
29) 이 용어가 사용된 최초의 논문집은 1988년도의 The Journal of Cost
　　Management(Cooper, 1988a, 1988b, 1989c, 1989d)와 Harvard Business
　　Review(Cooper and Kaplan, 1988a)이었다.

히 Cooper(1988, 1989)는 4편의 연속논문을 통하여 ABC의 개념, 전통적 원가계산 방법의 한계 및 원인 그리고 활동의 수준 등에 대한 개념을 정립하였다 30). 또한 Turney(1992)는 단순한 원가계산 개념의 ABC를 기업의 계속적인 개선의 일환으로 ABM으로 확장하는 데 기여하였으며31), ABC에 대한 용어집을 마련하기도 하였다.32) ABC는 1992년도부터 실무적으로 도입되기 시작하였으며, 미국, 유럽, 아시아와 호주 등의 많은 기업들은 이미 ABC 시스템을 시행하고 있다.33) ABC가 실무적으로 인정받게 된 중요한 이유는 경영자들이 기존 원가시스템에 대하여 큰 불만을 가졌기 때문이다. ABC는 더 정확한 활동원가, 제품원가와 고객원가를 보고할 수 있는 시스템으로 원가관리의 중요한 돌파구를 마련하였다. ABC이론이 발표된 후 2~3년간은

---

30) Robin Cooper, "The Rise of Activity-Based Costing-Part One What is an Activity-Based-Cost System", *Harvard Business Review*, Summer 1988, pp.45-54, *Journal of Cost Management*, Summer 1988, pp.45-53.

----------------, "The Rise of Activity-Based Costing-Part Two When Do I Need an Activity-Based Cost System", *Journal of Cost Management*, Fall 1988, pp.41-48.

----------------, "The Rise of Activity-Based Costing-Part Three How Many Cost Drivers Do You Need and How Do You Select Them", *Journal of Cost Management*, Winter 1989, pp.34-35.

----------------, "The Rise of Activity-Based Costing-Part Four What Do Activity-Based Cost System Look Like", *Journal of Cost Management*, Spring 1989, pp.38-49.

31) Peter BB Turney and Bruce Anderson, "Using ABC to Support Continuous Improvement", *Management Accounting*, September 1992, pp.46-50.

32) Norm Raffish and Peter BB Turney, "Glossary of Activity-Based Management," *Journal of Cost Management*, Fall 1991, pp.53-63.

33) 1996년 12월에 국내에 상륙한 미국의 ABC Technology 社의 국가별 제휴업체는 현재 한국을 비롯하여, 남아프리카공화국, 네덜란드, 노르웨이, 뉴질랜드, 멕시코, 벨기에, 브라질, 스웨덴, 스위스, 스코틀랜드, 스페인, 영국, 오스트레일리아, 이탈리아, 캐나다, 프랑스 핀란드가 있다.

이 주제에 대한 여러 가지의 많은 논문들이 출간되었으며, 지금도 계속적으로 이 분야에 관심을 갖고 있다. 이제 제조업뿐만 아니라 다른 산업에서도 사용을 하며 활동기준계산(ABC)방법은 그 개념이 확대되어 활동기준원가관리(Activity-Based-Management)로 발전되어 경영관리 혁신으로 이용되고 있다. 단순한 원가계산과 원가통제가 아니라 기업 환경 변화에 적응하는 경영혁신의 하나로 받아들여지고 있는 것이다.

ABC의 다양한 적용사례를 살펴보면 다음과 같다.
1) ABC는 제조업뿐만 아니라 비제조업 분야로 금융업, 정보통신업, 서비스업으로 확장 적용되고 있다.
2) 활동기준원가관리를 통한 예산편성 및 통제기준으로 이용되고 있다.[34]
3) 자본예산(Capital Budgeting) 모형의 평가를 위한 활동기준원가의 활용으로 이용되고 있다.[35]
4) 활동기준원가(ABC)와 제약조건이론(Theory of Constraints: TOC)에 대한 향상된 내부보고서에 활용[36] 되고 있다.

이제 ABC는 제조 간접비 배부를 정확히 하여 정확하고 올바른 제품원가계산에만 적용되는 것도 아니고 더 이상 제조업의 전유물도 아니다. 점차 그 적용 및 활용 분야가 다양화 되어가고 있는 실정이다.

---

34) Wayne K Simpson & Michael Williams, "Activity-Based Costing, Management and Budgeting", The Government Accountants Journal, Spring 1996, pp.26-28.
35) Steve Coburn, Hugh Grove, & Tom Cook, "How ABC was Used in Capital Budgeting", Strategic Finance: Montvle, May 1997, pp.26-48.
36) Steve Demmy & John Talbott, "Improve Internal Reporting with ABC and TOC", Strategic Finance, Nov 1998, pp.18-24.

2. ABC 및 ABM의 개념

1) ABC 개념

ABC란보다 정확한 원가계산을 위해 기업의 기능을 여러 가지 활동들로 구분한 다음, 활동을 기본적인 원가대상으로 삼아 원가를 집계하고 이를 토대로 하여 다른 원가대상들(부문이나 작업 또는 제품)의 원가를 집계하는 원가계산제도이다.[37]

ABC는 외부 재무보고 목적의 원가계산과 정보제공 대상이 좀 다르다. ABC는 주로 내부고객을 위해 정확한 정보를 제공하는 데 반하여 외부재무보고 목적의 원가계산은 내부고객에게는 크게 비중을 두지 않게 된다. ABC는 내부고객에게는 유용할 수 있지만 외부에 많은 정보를 유출시킬 수 있는 부분도 가지고 있다. 그렇지만 ABC를 하는 이유는 경영자가 의사결정 시 정확한 정보를 갖고 있어야 올바른 판단을 할 수 있기에 도입하게 되는 것이다. ABC는 제품제조를 위한 작업 활동을 세분하여 제조 간접비를 이들 작업 활동별로 상이한 배부기준(원가동인: cost driver)을 적용하여 제조 간접비를 제품에 배부하기 때문에 보다 정확한 원가계산이 가능하게 된다. 전통적인 원가 계산에서 제조 간접비 배부 방법은 노동과 기계사용 위주로 임의배부 되어 제품원가가 왜곡 표시되는 것을 발견하게 된 것이다. 전통적인 관점과 ABC관점을 비교하면 <그림 4-2>와 같이 정리할 수 있다.

---

37) 월간회계, 2003. 6. p.25.

<그림 4-2> 제조 간접비 배부방식의 비교38)

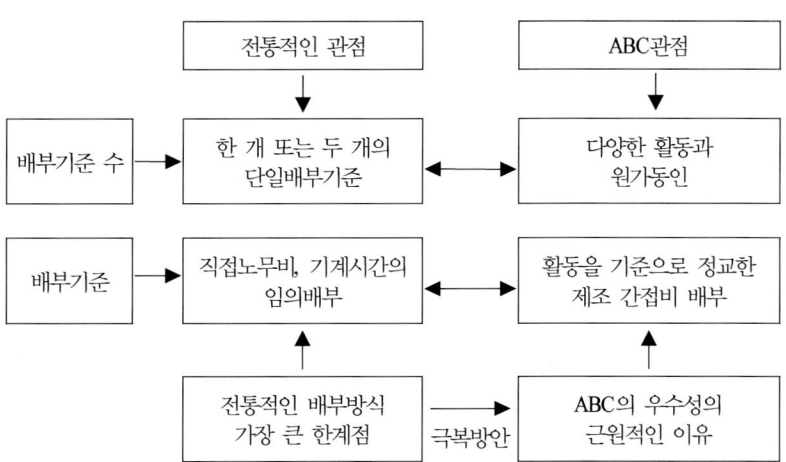

전통적 원가계산 시스템은 제품이 조업도에 비례하는 원가를 산출한다고 가정한다. 원가는 직접원가(직접재료비, 직접노무비, 기타의 직접원가)와 간접원가로 분류된다. 직접원가(direct costs)는 경제적으로 실행 가능한 개별원가 대상별로 인식되는 원가이지만, 간접원가(indirect costs)는 경제적으로 실행 가능한 한 개의 원가대상별로 인식되지 않은 원가이다. 직접원가는 제품에 직접 배부되는 반면에, 간접원가는 전통적으로 직접노동시간, 기계시간, 재료비와 같은 조업도관련 배부기준을 사용하여 제품에 배부된다.

경영자들은 기존원가시스템에 불만을 갖기 시작하고 정확한 활동원가와 제품원가, 고객원가를 찾을 수 있는 새로운 방법을 찾게 되었는데 목적 적합한 정보를 제공하기 위해 ABC개념을 도입하게 된 것이다.

활동기준원가(ABC)는 '활동은 자원을 소비하고 제품은 활동을 소비한다(Activities consume resources and products consume activities)'는 것을 전제로 하

---

38) 월간회계, 2003. 6. p.25.

고 있다.[39) ABC는 기업의 목표를 달성하기 위하여 수행하고 있는 제반 활동별로 그 성과를 측정하고 관련되는 원가를 추적함으로써 보다 정확한 원가정보를 산출하고 전사적인 관점에서 비능률 요소를 제거할 수 있는 정보를 체계적으로 산출하는 원가시스템 또는 원가가 발생하는 원인을 규명하고 체계적인 활동분석(Activity Analysis)을 통하여 불필요한 활동을 제거하거나 비부가가치 활동은 가급적 줄이며 필요한 활동을 올바른 방법 즉, 최소의 비용으로 실행하도록 함과 아울러 정확한 원가산정에 필요한 정보를 제공하는 시스템으로 정의할 수 있다. 이러한 ABC는 단순히 새로운 방식의 제품원가계산만을 지칭하는 것이 아니라 원가관리를 포함한 경영 전반에 걸친 전략적 수행에 필요한 정보제공시스템이라고 할 수 있다. 따라서 일부 학자는 ABC대신 ABM(Activity Based Management), ABCM(Activity Based Cost Management), ABA(Activity Based Account-ing), TBC(Transaction Based Costing) 등 다양한 표현을 사용하기도 한다. ABC의 주요 개념은 활동과 원가동인으로 다음과 같이 설명할 수 있다.[40)

첫 번째 개념은 활동(Activity)이다.

활동의 개념은 조직의 목적을 달성하기 위해 무엇을 어떤 자원(시간, 공간, 인력, 설비, 재료 등)으로 어떻게 수행하는가를 설명하는 개념이다. 활동의 주요한 기능은 주어진 자원을 특정한 산출물로 전환시키는 것이다. 이러한 활동은 전사적인 원가관리에 중요한 역할을 한다.

활동을 기준으로 하는 원가계산서를 보면 간접적이고 보조적인 활동과 관련하여 소비된 자원의 원가는 해당 활동을 기준으로 분리하여 계산한다.

---

39) Peter B.B Turney, "Using Activity-Based Costing to Achieve Manufacturing Excellence", *Journal of Cost Management*, Summer 1989, p.25.
40) 이동환, 전게서, pp.10-13.

그러므로 ABC에서 이러한 비용들은 활동의 발생요인들을 기준으로 해서 제품에 배부될 수 있다.

활동원가는 실제로 수행하고 있는 활동별로 원가가 추적되므로 상대적으로 쉽게 원가계산을 할 수 있다. ABC에서 활동이 갖는 의미는 여러 가지로 요약할 수 있다.[41)]

(1) 변화되는 제조 환경을 반영하고 경영자 측면에서 보다 의미 있는 원가산정을 하기 위해서는 원가를 발생시키는 원가분석이 필수적이다. 또한 활동의 개념은 이러한 측면에서 원가를 발생시키는 요인(cost driver)과 밀접하게 관련되어 있다.

(2) 활동의 개념은 활동으로 인한 원가와 성과를 결정하는 것에 중요성을 두고 있고, 이러한 활동별 원가 및 성과정보는 기업이 수행하고 있는 활동을 기업내부 및 외부의 다른 대안과 비교하기에 용이하고 즉각적인 변화를 가능하게 한다.

(3) 활동의 개념은 가치창출과 연관해서 볼 때, 가치를 창출하지 못하는 활동을 구분하게 함으로써 비능률 요소의 파악이 가능하고 이를 제거할 수 있는 근거를 제시한다.

(4) 활동에 기초하여 산정된 원가정보는 실제로 이용자(생산관리부서, 마케팅부서) 측면에서 볼 때 이해가 용이하다. 즉, 기존의 원가보고서는 사용하는 용어가 회계용어이고 제품별로 원가시스템에 의해 배분된 원가정보이다. 따라서 구체적으로 원가배분의 논리를 모르는 원가정보 이용자의 측면에서는 생소하지만, 활동원가는 실제로 수행하고 있

41) James A Brimson, Activity-Based Management for Service Industries, *Government Entitise & Nonprofit Organization*, New York John Wiley & Sons, Inc, 1994, pp.91-102.

는 활동별로 원가가 추적되므로 상대적으로 쉽게 이해된다는 것이다.

두 번째 개념은 원가동인(cost driver)이다.

원가동인은 왜 그런 수준의 원가가 발생되었는가를 설명해 주는 것으로, 원가를 발생시키거나 또는 발생 정도에 영향을 미치는 요소(factor)라고 정의 할 수 있다. 특정 활동원가를 구조적으로 결정지우는 요소로 정의된 바 있는 "원가동인"이라는 용어를 일부학자는 단순히 "활동의 측정치(Measure of Activity)"라는 개념으로 이해하여 원가를 제품에 배분 또는 부과하는 맥락에서 다루고 있다.[42]

원가동인에 대한 보다 본질적인 이해를 돕기 위해 Shank(1989)는 구조적 원가동인과 실행적 원가동인으로 구별하였다.[43]

(1) 구조적 원가동인(Structural cost drivers)은 각각의 선택에 따라 기업의 제조원가가 좌우된다. 이들 규모(scale), 범주(scope), 경험(experience), 기술(technology), 복잡성(complexity)의 구조적 변수는 많을수록 좋은 것이 아니라는 점에서 다음의 실행적 원가동인과 다르다. 이를테면, 변화하는 환경하에서는 지나치게 많은 경험은 오히려 적은 경험의 경우보다 기업에 불리할 수가 있으며 또한 지나치게 다양한 제품라인보다는 단순화된 경우가 좋을 수도 있다.

(2) 실행적 원가동인(Executional cost drivers)은 이들 동인이 얼마나 성공적으로 실행되었는가에 따라 기업의 원가 포지션이 결정되게 된다. 이들

42) William L Ferrara, "The New Cost/Management Accounting More Questions Than Answers", *Management Accounting*, October 1990, pp.48-52.
43) John K Shank, "Strategic Cost Management New Wine, or Just New Bottles", Journal of Management Accounting Research, Fall 1989, pp.56-57.

종업원 몰입(workforce involvement), 전사적 품질관리(total quality management), 시설이용률(capacity utilization), 공장배치상의 효율(plant layout utilization), 제품사양(product configur-ation), 납품업체 또는 고객과의 관계(exploiting linkages with suppliers or customer)와 같은 실행적 원가동인은 구조적 원가동인과는 달리 주어진 원가동인 내에서는 보다 많은 것이 바람직한 성과를 도출하는 특성이 있다.

구조적 원가 동인과 실행적 원가동인을 정리해 보면 <표 4-1>과 같다.

〈표 4-1〉 구조적 원가동인과 실행적 원가동인

구 분	기 준	내 용
구조적 원가동인	·규모	·제조, 연구개발, 마케팅 등에 대한 투자 규모
	·범주	·필요한 수직적 통합의 범주
	·경험	·기업이 현재 수행하고 있는 활동의 경험여부
	·기술	·기업의 가치사슬의 매 단계에서 이용될 공정기술
	·복잡성	·고객에게 제공할 제품 및 서비스 계열의 다양성
실행적 원가동인	·종업원 투입	·지속적인 개선을 위한 작업자의 헌신
	·전사적 품질관리	·제품의 품질에 관한 신념 및 달성
	·시설이용물	·공장건설 및 규모에 관한 선택
	·공장의 배치상의 효율	·현행 규범에 비추어 본 공장 배치상의 효율
	·제품사양	·디자인 및 구성상의 유효성
	·납품업체 또는 고객과의 연계	·가치사슬에 따른 연계의 최대한 활용

사용가능한 원가동인들 중에서 가장 합리적으로 원가를 배부할 수 있는 최적의 원가동인은 다음과 같은 조건을 갖추어야 한다.[44]

(1) 바람직한 행동을 유발할 수 있는 동기를 제공할 수 있어야 한다. 보통 개인이 자신의 성과가 원가동인의 단위당 원가나 소비된 원가동인의 양에 의해서 평가된다는 것을 알게 된다면 분명 개인의 행동은 달라질 것이다. 그 영향이 이로울 수도 있고 해로울 수도 있는데, 특정 원가동인의 사용으로 발생하는 행동이 바람직할 때 이롭게 될 것이다. 만약, 제품설계자가 낮은 원가제품을 설계하는 능력에 의해서 보상을 받는다면, 부품을 덜 사용하는 제품을 설계하려고 할 것이다.

(2) 제품을 만드는 과정의 비용을 진실로 나타내는 원가동인이어야 한다. 제품에 대한 활동의 소비를 간접적으로만 포착할 수 있는 원가동인을 사용하면 그 활동의 실제 소비를 정확히 측정할 수 없기 때문에 왜곡된 원가를 보고할 위험을 내포하고 있다. 그래서 상관관계가 높은 원가동인을 사용해야 한다. 이런 상관관계를 알아보기 위해서 회귀분석 기법을 이용해서 산업공학 측면에서 접근하는 방법도 있다.

(3) 원가동인은 측정 가능해야 하며 획득하는 데 상대적으로 쉬워야 한다. 측정비용을 감소시키기 위해서 활동을 간접적으로 포착할 수 있는 원가동인으로 대체할 수도 있다. 활동의 시간을 포착하는 대신에 활동이 발생하는 횟수를 원가동인으로 사용하면 원가를 감소시키게 될 것이다. 특히 최근에는 컴퓨터의 급속한 보급으로 이미 만들어져 있는 기존의 정보시스템을 사용함으로써 비용을 줄일 수 있다.

---

44) 이동환, 전게서, pp.13-14.

활동 동인과 원가동인은 서로 구분될 수 있으나 활동수행이 결국 자원을 소비하여 원가를 발생시킨다는 점을 감안하여 특별한 경우를 제외하고는 활동 동인과 원가동인을 동일시하는 것이 일반적이다.[45] 활동분석의 목적은 활동이 조직 내에서 구체적으로 차지하는 바가 무엇인가를 규명하고 그들을 체계적으로 분석하여 불필요한 활동을 제거하자는 것이다. 결국 활동기준원가란 기업이 활동을 해서 얻는 가치창출에 있어 올바른 활동을 계속적으로 지원하여 기업가치를 높이고 불필요한 활동을 제거하여 절약된 자원을 다른 곳에 투자하자는 의미로 해석할 수 있을 것이다.

활동기준 원가계산 과정을 그림으로 나타내면 <그림 4-3>과 같다.

〈그림 4-3〉 활동기준원가 계산과정

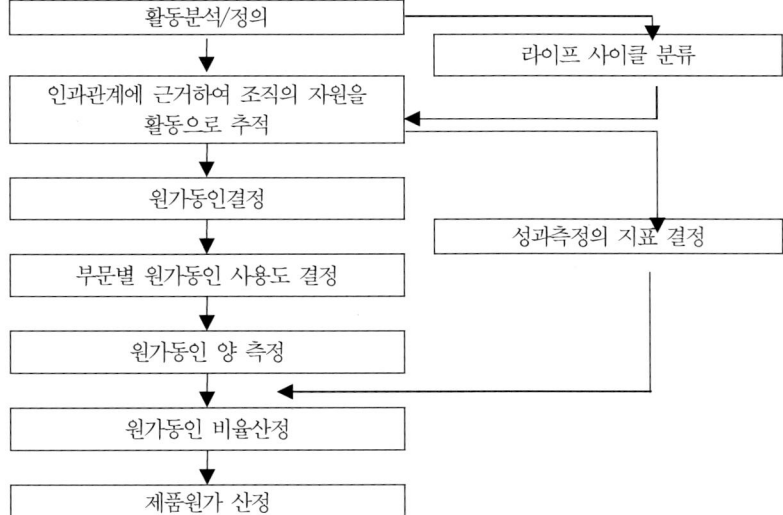

주) 삼일회계법인, 「Activity Costing 절차」, Activity Based Cost System의 기초 개념소개, 1992년 5월

---

45) 신홍철, 전게서, p.200.

2) ABC 개념 확대

활동기준 회계는 정확한 제품원가 계산 및 성과 개선의 도구로써 활용된다. 활동기준 원가계산(Activity Based Costing)은 원가배분 관점에서 자원원가를 활동으로 활동원가를 제품이나 그객과 같은 원가 대상으로 귀속시킨다. 활동기준관리(Activity Based Management: ABM)는 활동기준원가에 의한 활동분석과 원가정보를 이용하여 공정개선, 원가관리, 의사결정, 예산수립, 성과평가 등의 경영관리를 행하는 것을 말한다. 경영의 효율을 높이기 위해 활동기준 회계정보를 이용하는 것으로써 활동기준관리는 고객의 부가가치를 향상시킴으로써 수익성을 높이기 위한 활동관리에 초점을 맞춘 경영관리 기법이다. 이 점에서 보면, 활동기준원가는 <그림 4-4>와 같이 활동기준관리의 부분적 개념이라 할 수 있다.

〈그림 4-4〉 활동기준관리 모형

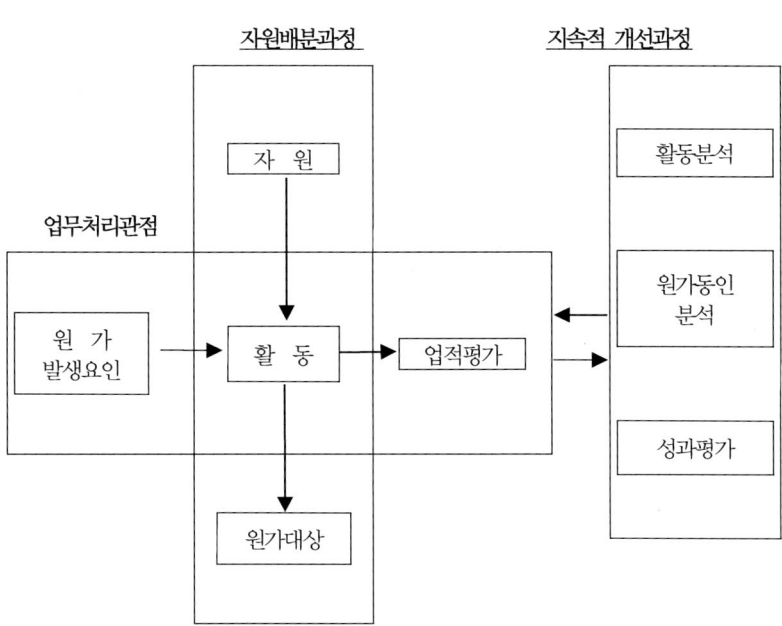

주) 자료: N. Raffish and P. Turney. "Glossary of Activity-Based Management", Journal of Cost Management(Fall, 1991), p.54

특히 ABM이 제공하는 활동기준 정보는 조직구성원이 품질(quality), 시간(time), 서비스(service), 원가(cost), 융통성(flexibility) 및 수익성(profitability)을 계속적으로 개선하는 데 초점을 두고 있다. 따라서 ABM은 고객이 받아들이는 가치 및 이 가치를 제공함에 따라 달성되는 이익을 개선하기 위한 방법으로서 활동관리에 초점을 둔 기법으로서 원가동인분석, 활동분석 및 성과분석(성과측정결과의 분석)이 포함된다. 또한 ABM은 그 주요한 정보원으로서 ABC를 활용한다. 따라서 ABC와 ABM과의 관계는 ABC가 ABM의 부분집합(Subset)으로 볼 수 있다.

ABM에 의해 성과를 개선하는 데는 다음 단계를 필요로 한다.[46]

첫째, 개선의 기회를 발견하기 위해 활동분석을 한다.

둘째, 잘못을 일으키는 요인을 탐색한다. 따라서 원가동인이 필요하게 된다.

셋째, 수익개선과 대고객 서비스에 공헌하는 활동을 측정한다.

ABM에서 사용되는 분석은 공정가치분석이다. ABC는 보다 정확한 원가의 산정에 초점을 두고 있지만 공정가치분석(process value analysis)의 목적은 공정의 개선을 촉진하고 아울러 원가를 절감하는 데 있다.[47] 물론 공정가치분석에서도 보다 정확한 제품 원가를 위한 기초로서 도움이 되는 것도 있다. 공정가치분석은 원가절감과 공정개선의 방법으로부터 비롯된다. 이것은 공정내의 자원소비를 식별하고, 원가의 근본적인 발생 원인을 인식하는 데에서 비롯된다.

좁은 의미로, 활동기준원가(Activity Based Costing: ABC)는 원가를 원가대상(이를테면 산출물, 제품, 서비스, 고객)에 정확하게 배부하는 데 사용되는 수학으로 간주될 수 있다. 따라서 ABC의 주된 목적은 수익성 분석(Profitability Analysis)에 있다. 수학적 차원의 ABC는 자원의 원가를 활동으로 그리고 궁극적으로는 조직의 산출물로 재배분 하게 된다.

활동기준관리(Activity-Based Management, ABM)는 시간, 품질, 신속성, 융통성, 고객만족과 같은 비재무적인 것을 포함한 개념이다. 활동정보에 의하

---

46) Peter B B Turney. "Activity-Based Management ABM Puts ABC Information to Work." *Management Accounting*, January 1992, pp.20-25.

47) Michael R Ostrenga & Frank R Probst, "Process Valus Analysis, The Missing Link in Cost Management", *The Journal of Cost Management*, 1992, pp.4-6.

120

여 사전적인 전략운영 의사 결정을 하며 사업과정 작업의 부가가치 내용을 평가하게 된다. 따라서 ABM은 원가정보를 초월하는 개념이다. ABC 자료의 활용에 있어서는 ABM이 보다 확대된 개념이다. ABC와 ABM의 관계 모델을 설정해보면 다음 <그림 4-5>와 같이 나타낼 수 있다.

〈그림 4-5〉 확장된 ABM 모델[48]

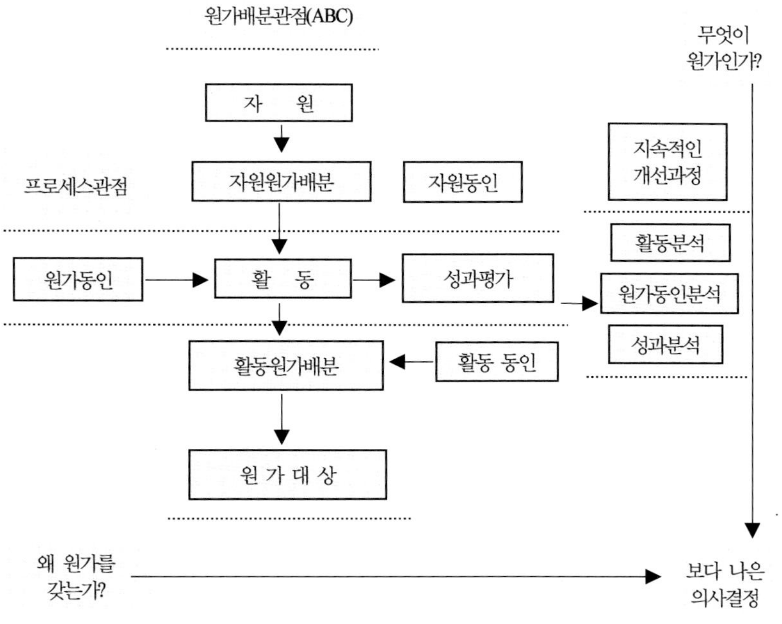

원가배분관점(ABC)

무엇이 원가인가?

| 자 원 |

프로세스관점　　자원원가배분　　자원동인　　지속적인 개선과정

활동분석

원가동인 → 활 동 → 성과평가 → 원가동인분석

성과분석

활동원가배분 ← 활동 동인

원 가 대 상

왜 원가를 갖는가?　　　　　　　　　　　보다 나은 의사결정

ABC는 단순한 원가계산에서 관리로 발전하여 ABM으로 확장된 것이다. ABM은 원가의 동인을 프로세스 관점에서 낮은 부가 가치 활동을 제거하고 전략적 원가개념으로 도입한다. 또한 ABM은 성과측정 등 다른 관리개

─────────────
48) 이동찬, 전게서, p.20.

념을 도입하게 된다. 원가의 범위를 확대하여 공사원가에서 관리비(간접비)까지 포함하고, 시간, 품질 등 비재무적 요인도 포함하여 내부관리 목적의 원가에 포함시킨다. 활동기준 정보의 내용을 기준으로 하여 포괄적으로 표현하면 ABM은 전략과 변화까지 범위를 확대할 수 있게 한다.

ABM은 많은 경영정보를 제공하기 때문에 기업내부고객의 만족도를 높이고 경영성과에 긍정적인 영향을 미친다. ABM이 제공하는 효익을 정리하면 다음과 같은 내용이 있다.[49)

첫째, 이익 발생 원천 및 구조에 대한 이해를 높인다.

이익은 수익과 원가를 대조하여 계산되는데 원가동인개념을 수익으로 확대하여 무엇이 수익의 변화를 좌우하는가를 수익동인(revenue drive)으로 파악하면 최종이익에 영향을 미치는 요인들에 대한 종합적인 분석이 가능해진다.

둘째, 원가 발생은 활동수행의 함수관계임을 이해하게 된다.

종전의 조업도에 기초한 원가추정과 달리 활동을 이용하면 원가추정이 한 차원 높아질 뿐만 아니라 예산편성 또한 현실성을 갖게 된다.

셋째, 미래의 기업성과를 개선할 수 있는 영역 및 활동개선을 통한 효과를 파악할 수 있다.

ABC는 지속적인 개선을 추적하고 개선추세의 파악을 가능하게 한다. ABC의 개념과 다른 주요 개념과의 연결 관계를 그림으로 표시하면 <그림 4-6>과 같다.

---

49) 신홍철, 전게서, pp.215-216.

〈그림 4-6〉 활동과 다른 개념과의 연결 관계[50]

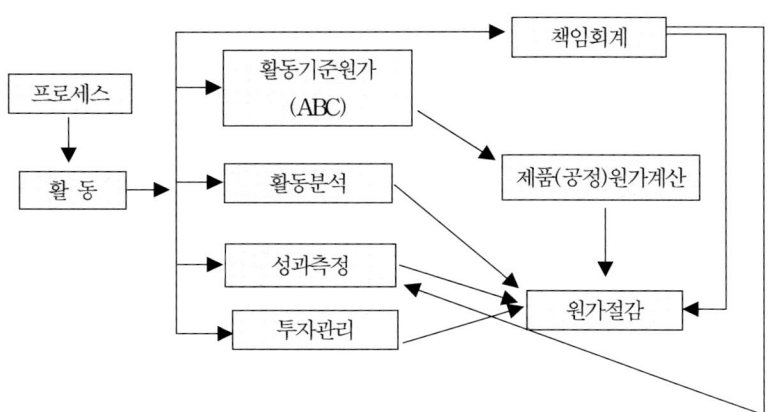

ABC는 원가관리 기능을 수행하는데, ABC를 이용하여 조직의 제반 운영 활동을 개선하는 것을 활동기준관리(ABM)라 한다. 활동을 중심으로 성과를 측정하여 원가를 절감하게 한다. 활동과 투자관리의 책임회계는 원가를 절 감하게 하고 성과에 반영한다.

ABC의 새로운 측면은 ABC는 근본적으로 자원의 소비를 초래하는 다양 한 활동을 원가동인으로 포착한다. 또한 ABC는 종전의 원가시스템이 제공 하지 못하던 조직에서 수행되는 제반 활동에 관한 다양한 정보를 주로 비 재무적 측정치의 형태로 제공한다. 이들 정보는 원가정보와 더불어 성과 평 가 및 전략적 의사 결정 등에 유용하게 활용된다.

50) 신홍철, 관리회계, 경문사, p.216.

제2절 ABC의 선행연구 및 적용사례 고찰

ABC 선행연구부분에서는 제조업에서 ABC를 도입한 사례 및 비제조업 부문에 ABC를 도입한 사례연구를 살펴본다. 또한 ABC 및 ABM 적용사례를 살펴봄으로써 부동산건설업에 적용 가능성을 도출한다.

1. 제조업의 ABC 도입 선행연구

ABC에 관한 선행연구는 (1) 원가를 각 활동 동인을 파악하여 계산한 ABC방법이 정확한 원가계산을 할 수 있어서 ABC가 원가를 계산하는 데 있어서 더 효율적이라고 하였다. 또한 ABC를 이용하여 더욱 정확한 원가계산을 할 수 있었고, 그 결과 경영 의사결정에 중요한 정보를 제공할 수 있게 되었다. 그리고 제품의 수익성 분석도 정확하게 이루어질 수 있어서 수익성 향상을 가져오게 되었다고 밝혔다. (2) ABC 시스템에 만족도와 기업성과에 대한 영향 고찰 등이 이루어졌다.

이주원 교수(1992)는 아남산업(주)의 ABC 사례를 분석 보고하였다. 아남산업(주)에서는 총원가 중 간접비가 차지하는 비율이 점차 늘어남에 따라 종전의 간접비 배부방법에 따른 원가왜곡이 심화됨을 인식하였고, 이러한 왜곡된 제품원가로 인하여 영업 활동이 지장을 받게 되었다. 이 밖에도 점차 제품이 다양화됨에 따라 공정별 원가관리 및 총체적 업적평가의 필요성을 감안하여 활동기준원가시스템을 도입하게 되었다.

아남산업(주)이 도입한 활동기준원가시스템은 몇 가지 특징을 가지고 있는데,

첫째, 원가구조가 단위수준(unit level) 활동, 배치(batch level)관련 활동, 제품유지 활동, 그리고 설비유지 활동으로 나누어진다면, 아남산업에서는 공장수준 활동을 간접비로 분류하여 특정 배부기준에 따라 배부한다는 점이다. 그 이유는 공장 수준의 활동은 특정 제품을 생산하기 위하여 소비되었다고 보기 힘들며, 또한 원가동인을 규명하기도 거의 불가능하기 때문이다.

둘째, 활동기준원가의 원가구조에서 공장수준 활동을 제외한 모든 비용에 대해서도 직접비로 간주하고 있지는 않다는 점이다. 아남산업에서는 현재 순수한 생산지원 활동에 대해서만 활동기준원가 계산을 적용하고 있다.

셋째, 아남산업에서는 활동기준원가를 처음 계획할 때 복잡하게 설계하였다가 이를 다시 단순화시켜 나갔다.

넷째, 아남산업의 활동기준원가는 표준치와 실제치를 함께 사용하고 있고, 그에 대한 원가자료를 언제든지 조회해 볼 수 있다.

다섯째, 현장의 자료는 현장에서 직접 작업감독자가 입력한다. 그날의 생산현황을 컴퓨터 단말기를 이용해서 직접 입력하게 된다. 따라서 현장자료의 정확성이 무엇보다 요구된다고 하겠다.

여섯째, 아남산업에서는 현재 두 가지 원가계산 시스템이 존재한다. 그것은 기존 원가계산시스템과 활동기준원가시스템이다. 그러나 그 역할은 확실히 구분되어 있다. 기존 원가계산시스템은 외부공시를 위한 재무제표의 매출원가계산, 재고자산평가 등에만 이용되며, 개별제품원가는 산정되지 않는다. 이와는 반대로 활동기준원가 계산은 순수한 내부의사결정을 위한 정보자료로 이용되고 있다.

박경환 교수(1994)는 MS 자동차 부품을 생산하는 중소기업인 (주)평화발레오[51]의 ABC시스템 도입과정 및 효과를 현장연구방식으로 연구하였다.

(주)평화발레오의 ABC시스템 설계와 운영과정을 살펴봄으로써 전통적인 관리회계시스템의 대안으로서 ABC가 갖는 효익을 연구하였다.

조승제(1995)는 전자제품을 생산하는 회사에서 전통간접비 배부에 있어서 큰 편차가 생겼기 때문에 새로운 배부방법인 ABC계산 방법이 필요하게 되었다고 밝혔다.

최덕규(1997)는 주물제조업에 활동기준원가를 도입하여 적용하였는데 공통비는 원가중심점과 활동중심점에 공통으로 배부하여 정확하고 쉽게 원가계산을 할 수 있도록 하였다.

이상권과 유성재(1996)는 활동기준원가계산시스템의 개념적 모델을 개발하고 다품종 소량생산 기업에서의 적용결과를 제시하였다.

김학범(1998)[52]은 다품종 주문생산기업에서의 ABC모형을 전형적인 다품종 소량생산방식에 따라 주문생산을 하고 있는 실제 중소기업을 사례로 하여 제품별/고객별 원가계산과 수익성분석에 적합한 활동기준원가계산모형을 설계하였다.

초기 ABC는 제조업에서 정확한 원가계산을 하기 위해 시작한 것이 점차 내부고객의 만족도와 기능성과 등으로 확대 적용되고 있었다. 활동기준원가관리 시스템에 대한 만족도와 기업성과 등에 관해서는 심태섭(1994), 이동찬(1997), 왕영호(2000) 등이 있었다. ABC는 초기에 정확한 원가계산에서 연구되기 시작하여 점차 정보관리 등 비재무적 측면의 만족도, 시스템의 활용 정도, 내부고객의 만족도 등으로 연구범위가 점차 넓어지게 되었다.

---

51) 프랑스 발레오와 합작회사임.
52) 김학범, '다품종 주문생산기업에서의 ABC모형-사례연구', 회계저널, 제7권 제2호, 1998년 12월, pp.281-304.

2. 비제조업의 ABC 도입 선행연구

ABC에 대한 연구는 제조업 이외에도 각 분야별 적용도입 연구가 시도되었다.

먼저 금융업에서의 적용 사례연구를 살펴본다. 문주환(1995)은 은행업을 중심으로 현재 은행에서 쓰이고 있는 은행 원가계산결과를 비교하고, 현행 모델에 의한 원가계산결과와 ABC모델에 의해 계산된 계산결과를 비교하고, 현행 모델에 대한 비판과 원가계산모델의 새로운 대안으로써 ABC를 제안하고자 하였다.

이세용(1997)은 금융회사의 지점성과평가를 위한 과정에서 봉사지원부처의 공통비 배부 부분에 ABC를 적용시켜 보았다. 지점성과평가의 과정에서 공통비 배부의 정확성을 ABC가 해결해 줄 수 있는가를 확인해 보기 위해 사례로 증권회사를 하나 선택한 뒤 그 증권회사가 실제로 수행하고 있는 공통비 배부방법과 ABC를 이용한 공통비 배부 방법보다 활동중심의 회의, 출장, 교육, 전산운용 등으로 배부하여 그 결과를 분석했다.

다음은 정보통신 분야에서 통신요금의 효율적인 관리방법을 모색하기 위해 연구한 고미영(1996)의 연구를 보겠다. 통신서비스업의 경쟁에 따라 원가에 기초한 통신요금의 효율적인 관리방법을 모색하기 위하여 한국통신의 현업조직 중 한 전화국을 표본으로 하여 현행원가시스템과 시스템에 의한 원가계산 결과 중 비교 검토하여 ABC계산 방법이 더 유용함을 주장하고 개선방안을 제시했다.

이재욱(1994)은 이동통신 서비스의 민영화 및 경쟁도입에 따라 사업자 간의 접속료 및 자금구조 등이 중대한 문제로 등장한 활동기준원가계산 시작함에 따라 이동통신서비스업의 경쟁에 따라 원가에 기초한 이동통신요금의 효율적 관리방안을 모색하기 위하여 전기통신업 회계기준에 의한 원가계산 방법을 분석, 검토하고 이동통신업에 활동기준원가계산 방법을 적용하여 요금 경쟁하에서의 원가계산제도의 개선방안을 모색하고자 하였다.

비제조업 부문에서 ABC적용사례가 계속되면서 서비스업에서도 그 적용 가능성을 연구하였다.

임영찬은 호텔경영 환경 변화에 적응하여 경영합리화와 경영우위를 확보할 수 있는 방법으로 효율적 원가절감의 측면에서 활동기준원가시스템을 적용하였다. 호텔에서는 노무비가 차지하는 비중이 큰데, 객실부문의 총원가에서 노무비가 차지하고 있는 비중과 객실 활동부문에 대한 구체적인 정보를 ABC가 제시할 수 있기 때문에 비부가가치 활동을 줄이고 부가가치 활동을 높임으로써 경영합리화와 전문화에서 우위를 차지할 수 있다고 보고하였다.

비제조업 분야에서의 선행연구들을 분석해보면, 금융업무 분야에 ABC를 사용하여 금융회사의 정확한 부문별 원가에 의한 성과 평가 방안, 통신업에서는 요금경쟁에서 우위를 점하기 위해, 호텔업에서는 경영합리화의 전문화에서 우위를 점하기 위해 전통적 원가계산과 활동기준원가를 비교하여 ABC를 적용하는 것이 정확한 원가분석에 더 효율적이어서 내부의사결정에 도움을 준다고 하였다.

제3절 부동산건설업의 공종별 활동기준원가 관리기법의 활용

1. ABM의 필요성

 기업의 정확한 원가정보를 알기 위해 ABC가 이용되고 이제 좀 더 확장된 것으로 활동기준원가관리(ABM)는 왜 필요한가 살펴보겠다.

 부동산건설업(부동산건설업뿐만 아니라 모든 기업)은 계속 기업으로 존재하기 위해 경영 환경의 변화를 올바르게 인식해야한다. 기업 환경을 분석하는 것은 생존 전략을 찾기 위해서 중요하다. 국내외 여건과 기업내부 상황과의 관계 속에서 지속적인 성장과 안정을 찾기 위해 현재의 상태를 제대로 파악해야 한다. 부동산건설업의 기업 환경을 그림으로 표시하면 <그림 4-7>과 같이 표현할 수 있다.

<그림 4-7> 기업 환경과 생존경영 관계

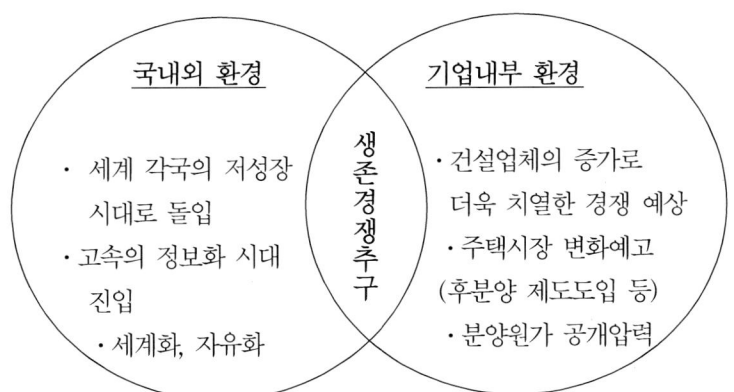

기업이 살아있는 유기체라고 본다면 생명력을 계속해서 불어넣어 주어야 하는데 그 생명력을 투입시켜 주는 주체는 조직원 모두라 할 수 있다.

이제 경영자가 기업 환경을 올바르게 분석하기 위해서 대내외적으로 어떤 활동(Activity)이 필요한가를 찾고 적응해 나가야 한다.

기업 환경이 변화하면 반드시 경영혁신이 필요하다. 기업의 경영혁신이 필요한 시기를 리엔지니어링(Reengineering)의 주창자 Michael Hammer는 첫째 기업의 상황이 절망(Close to Bankruptcy)일 때는 무조건 해야 하며 둘째, 현재 아무렇지도 않을 때도 해야 하며 셋째, 심지어 절정(peak)일 때도 당연히 해야 한다고 말했다.[53]

그리고 기업의 경영관리 혁신이 필요한시기는 다음과 같다고 했다.

첫째, 기업이 원하는 목표를 달성하고 있지 못하는 경우

둘째, 기업이 새로운 목적을 추구하는 경우

셋째, 기업 환경이 급변하는 경우라 할 수 있다.

여기에서 중요시되는 점은 부동산건설업도 변화하는 환경 속에서 지속적으로 경영 활동을 하기 위해서는 활동중심경영이 필요하다는 것이다.

관리혁신 기업과 경영혁신 방법은 기업 대내외적 환경에 따라 채택되었다가 사라지는 많은 형태가 있었다. 생존경영을 위한 관리기법으로 모든 기업에 적합한 단 하나의 경영관리 기법은 존재하지 않는다고 본다. 다만 기업 생존경영을 위하여

첫째, 기업의 창업보다 영속성이 중요하다.

둘째, 기업의 경영관리 혁신의 실천은 기업경영 목표보다 중요하다.

셋째, 기업의 경영관리 혁신의 새로운 형태는 기업 경영관리의 개별 기법보다 중요하다.

---

53) 건설경영개론, 서울대학교 건설기술 연구실, pp.257-263.

기업 환경 변화에 따라 경영관리 혁신이 필요한 시기는 따로 있는 것이 아니라 지속적으로 이루어져야 한다.

문제는 기업 경영 환경의 변화속도이다. 환경 변화의 속도는 기업경영혁신 과정도 변하게 만들고 있다. 변화의 속도가 느렸던 과거에는 정적인 프로세스(Static process)였으며, 변화의 속도가 급격해진 최근에는 역동적인 프로세스(Dynamic Process)를 요구하고 있다. 그러나 앞으로 불확실성이 커지고 예측불허의 기업 경영 환경에서는 정적이면서 역동적인 프로세스의 혁신을 요구하게 되며 그것은 다시 새로운 활동의 경영혁신 필요성을 요구한다. 경영혁신 프로세스의 핵심요소도 단순관리 중심 경영혁신에서 전략중심 경영혁신으로, 그리고 앞으로는 Activity, 즉 시간과 비용을 고려한 자원의 효율적 이용이 가능한 활동중심의 경영관리 혁신으로 이동되어야 한다고 본다. Activity에 의한 경영관리 혁신은 치열한 경쟁과 급변하는 변화 속에서 기업이 경쟁력 있는 기업 활동을 하는 데 핵심요인으로 인식된다. 기업 환경이 변화하고 조직의 운영이 달라질 때마다 경영원가 관리제도도 새롭게 변해야 한다. 그렇지 않으면 과거의 경영원가 방식은 경영자의 활동을 지원하기보다는 잘못 전달된 정보로 오히려 의사결정을 지연시키거나 오류를 범하게 할 수 있다.

현행 경영원가회계 및 경영통제 시스템은 부동산건설업 분야 내부에서 더 이상 활동에 관한 효율성이나 수익성에 관한 정확한 정보를 제공하지 못하는 상황으로 보여진다. 부동산건설업에 있어서 기업 전략에 관계없이 정확한 견적원가를 파악하고 실행예산 원가를 수집하여 올바른 경영 의사결정을 한다는 것은 굉장히 중요한 의미를 갖는다. 이러한 원가를 제대로 파악하기 위해 활동을 유인하는 원가동인(cost driver)이 무엇이고 가치사슬(value chain)은 무엇을 의미하는지는 생존을 위해 필요한 개념이다.

특히, 급변하는 환경 속에서 기업이 어떤 환경에 처할지 기업 경영 환경이 어떤 형태를 가지게 되고, 어떤 기능을 할지에 관하여 예측하는 것이 거의 불확실하다. 그러나 확실한 것은 현재 일반화되고 있는 시스템과는 매우 다른 시스템으로 전환될 것이다.

기업 환경에 맞는 활동(Activity)을 규명하고 유자·개발함으로써 계속기업으로 살아가야 할 것이다. 기업은 과거에도 주요한 경영 환경의 변화를 경험했고, 그중의 일부는 아직까지도 유용하게 쓰이고 있는 경우도 있다. 따라서 부동산건설업도 최초의 변화된 정도 및 수준을 체계적으로 검토하고, 예측하기 어려운 미래의 변화에 대응하기 위하여 활동기준원가관리(ABM) 방법에 주의와 관심을 집중시켜야 할 것이다.

2. 확장된 ABC의 의의 및 개념적 구조

1) 의의 및 도입 절차

활동기준원가관리(ABM)를 수행하기 위해서 먼저 ABC에 의해 정확한 원가정보를 얻어 의사결정을 하게 된다. ABM은 ABC를 기초로 하여 활동변화와 경영 전략을 수립하게 된다. 그러나 부동산건설업은 아직까지 ABC도 도입이 안 된 상태이기 때문에 활동기준원가관리(ABM)를 도입하는 것은 너무나 어려운 상황이다. 이런 현실을 인식하고 ABM를 확장된 ABC로 보고 이하에서 확장된 ABC와 ABM을 같은 의미로 보겠다.

부동산건설업의 ABM은 활동(경영)이 자원을 소비하고, 제품이 활동을 소비한다는 것을 전제로 하고 있다.[54] 즉 ABM은 활동, 자원 및 원가계산 대

---

54) P.B Tumey, "Using activity-Based costing to achieve Manufacturing."

상의 원가와 업적을 측정하는 것을 의미한다.

ABM을 위해서는 활동을 파악하고 활동을 유발하는 요인을 규명하여 체계적인 활동분석(activity analysis)을 통해서 발생하는 부가가치 활동과 비부가가치 활동(value-added and nonvalue-added activity)을 구분하여 경영 활동에 효율과 효과를 향상시키려고 하는 것이다.

부동산건설업에서 활동이란 현장에서 유형의 물건을 창조하는 것만 의미하지 않는다. 부동산건설업은 그 특성상 시간과 비용이 많이 들어 처음부터 철저한 조사와 준비가 있어야 하는데 이 모든 활동을 포함하는 개념이다. 물론 공사종류별 활동이 중요하지만 현장 활동을 보존해주는 부문도 철저한 준비가 없으면 효율이나 효과에서 기업에 나쁜 영향을 주고 그 실책이 큰 경우에는 기업생존을 위협하기도 한다.

부동산건설업에서 발생하는 관리 활동을 크게 다루어보면 <표 4-2>와 같은 관리 활동 영역이 있다.

〈표 4-2〉 부동산건설업 Activity 영역

대 분 류	중 분 류
경영·정보관리(기획부서)	(1) 기획조사 (2) 경영관리 (3) 전산 관련
인사 조직관리(인사, 노무)	(1) 인사·교육관리 (2) 총무·노무
재무관리(자금, 회계, 경리)	(1) 경리 회계 (2) 자금
구매관리	(1) 원자재 (2) 중기자재
영업관리	(1) 영업관리, 계약관리 (2) 수금관리 (3) 홍보 (4) 수주관리 (5) 개발
시공관리(설계, 공사)	(1) 설계 (2) 공사
기술개발부서	(1) 기술개발 (2) 품질관리
원가관리	(1) 견적, 카드금관리 (2) 공무부서
안전관리	산재·안전관리
사후관리	A/S 및 사후관리

부동산건설업의 Activity영역을 구체화하기 위해서 개별기업의 상황에 맞게 업무 분할을 하여 조직을 형성하게 된다. 그 조직의 담당부서는 대, 중, 소 분류에 의거하여 스스로 어떤 활동을 하여 공헌할 것인지를 결정하게 된다. 그 목표를 수립하고 결과에 대해 코상이 따라야 지속적인 생존경영이 가능해 질 것이다.

모든 주요 경영방침은 하부조직이 참가하여 그 활동(Activity)을 결정하고 수행하도록 해야 한다. 우리 관행으로 도면 부동산건설업은 ① 경험 ② 느

낌(감) ③ 배짱 ④ 허세(로비력) ⑤ 실권자의 독단으로 일관된 특수한 업종이라고 분류해 왔다. 그러나 IMF의 영향으로 그런 재래식 경영방법으로 운영되던 많은 부동산건설업은 도태되고 자리를 잃어버리게 되었다. 이제 부동산건설업이야 말로 조직적 체계적 효율적인 경영계획에 의거 새로운 방법을 연구하지 않으면 안 된다.

부동산건설업은 너무 외형적인 빠른 성장을 추구해 와서 내적 충실도가 다른 산업에 비해 낙후되어있다. 이제부터라도 새로운 경영혁신 전략을 수립하여 모든 것을 재정립할 필요가 있다. 결과보다는 과정을 중시하여 부실공사 예방(품질향상)이 사회적으로 낭비가 적고, 개별기업에서는 활동분석을 통한 원가절감이 생산성을 높이고 확장된 ABC 활동이 되도록 노력해야 한다. 이제 부동산건설업도 변하지 않으면 더 이상 존재할 수 없다는 자명한 사실을 우리는 깨달아야 한다. IMF 시기에 경험한 부동산건설업의 부도와 파산선고를 잊어버리고 또다시 외형성장만을 추구하는 행위는 지양해야 한다.

부동산건설업이 ABM(확장된ABC)을 도입하기 위해서는 먼저 기업의 환경과 정확한 문제 인식이 필요하다. ABM을 통하여 생산성을 향상시키고 경쟁우위를 확보하여 지속적으로 성장·생존 가능한 기업으로 남아 있어야 하겠다는 의지가 있어야 한다.

이것이 경영혁신의 시작이고 활동(Activity)변화에 동인으로 작용하게 될 것이다. ABM을 도입하는 절차를 간단히 정리해보면 다음과 같이 표현된다.

(1) 부동산건설업의 경영자가 변화의 필요성을 인식해야 한다. 기업 환경 변화에 적응하고 지속적인 성장과 생존을 위해 어떻게 할 것인가에 대한 인식이 있어야 한다.

(2) 조직, 시스템(절차), 관습 등의 활동을 분석하여 개선의 여지가 있는가를 확인한다. 효율과 효과를 볼 때 시간과 비용을 함께 고려한다. 조직의 담당부서에서 비효율적인 업무는 무엇이고 이를 개선하기 위한 대안이 무엇인지를 찾는다. 여기서 각 부서는 편의만 생각할 수 있기 때문에, 경영자는 활동(Activity)을 보고 최종 조정의 단계를 거쳐야 한다.

(3) 비용절감, 품질향상, 공사기간단축, 고객만족 등의 결과를 확인한다. 고객은 기업내부 고객일 수도 있고, 기업외부 고객일 수도 있다.

(4) Activity에 의한 생산성을 높이기 위해 필요정보를 체계화한다.

(5) 성과에 대한 보상도 고려해야 한다.

(6) 이러한 과정을 거치면서 새로운 제도 도입과 이것에 대한 거부반응등도 예상하여 충분한 설득과 홍보가 필요하다. 모두가 그 필요성을 인식한 후 처음부터 모든 활동에 대한 원가 분석과 비재무적인 효율성 등을 정립토록 한다.

2) 활동구성요소 분석

확장된 ABC의 실행을 위해 사전에 충분히 고려되어야 할 부분이 있다. 무엇보다도 바로 활동분석이다.

(1) 공사 종류별 활동, 관리 활동 등을 원가 동인별 자료를 수집, 분석해야 한다.

(2) 회계정보 시스템의 변화를 가져와야 한다. 외부보고 목적과 ABC를 위한 목적 프로그램이 충족되어야 한다.

(3) 원가 동인을 파악한 후 시스템 구축이 필요하다.

(4) 새로운 제도에 대한 인식과 교육이 있어야 한다.

활동의 개념을 구체화하기 위해 현행 공사분류체계와 원가분류 체계를 비교하여 살펴본다. 활동 구성요소를 경영원가 및 공사종류 측면에서 분석해 보면 <그림 4-8>과 같이 분류 할 수 있다. 총공사비를 일반관리비, 공사 원가 등으로 구분하던 체계를 토목공사, 기초공사, 철근콘크리트 공사 등으로 구분한다.

〈그림 4-8〉 현행 공사분류 체계와 원가분류 체계[55]

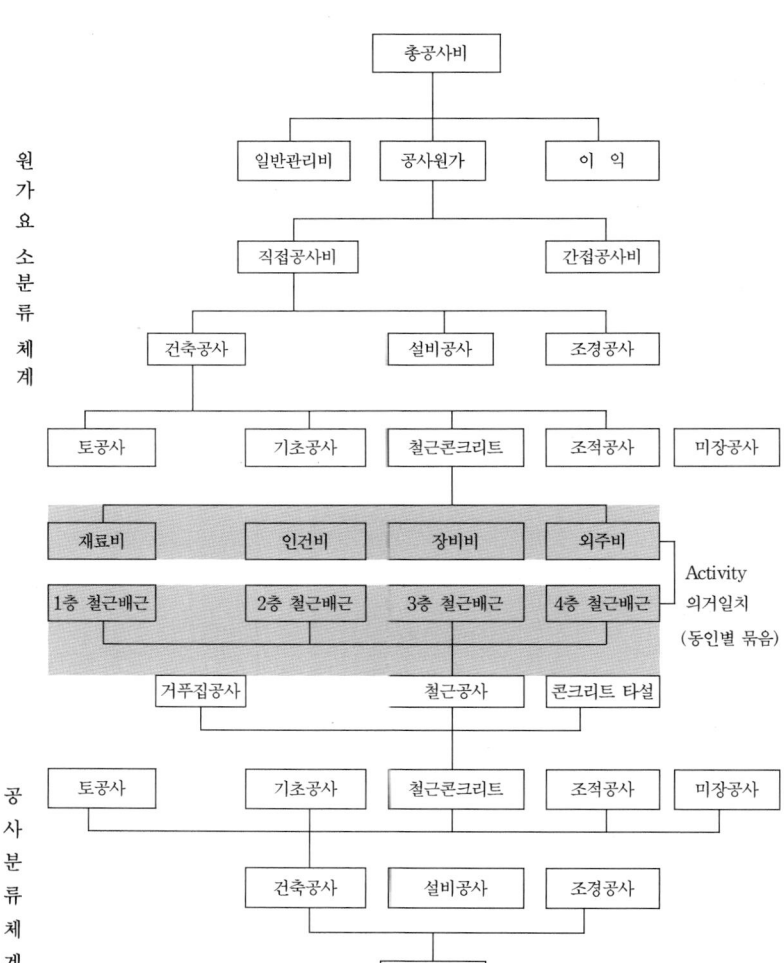

경영원가 관리부서는 대외적으로 공표하는 원가요소별 관리기준인 재료

55) 제태곤외 2명. '원가공정관리 통합 측면에서의 프로젝트 표준 분류체계 정립과 견적방법', 대한건축학 논문집 14권 3호, 1998, p.366.

비, 노무비, 외주비, 기타경비로 관리를 하게 된다. 그러나 공사 현장에서는 공사 종류별 묶음별로 현장관리를 하게 된다. 이렇게 현장과 다르게 경영관리를 하다보면 비능률적인 요소와 부가가치가 낮은 활동을 찾기란 어렵다. 현장과 일치된 모습인 활동으로 관리를 하는 것이 원가 절감과 경영혁신에 더 효과적이다. 기업에서 발생할 수 있는 일반적인 것으로 부가가치가 낮은 활동과 그 예를 찾아보면 <표 4-3>과 같은 것이 있다.

〈표 4-3〉 부가가치가 낮은 활동 예

부가가치가 낮은 활동	원가 동인 예	개선(안)
자재 보관 및 유지 - 작업장내의 과다한 원자재	· 재고배치 · 입고 보관순서 · 공정 관리순서	· 적정 재고 · 시스템 구축 등
긴급자재 처리	· 재고잔량착오 · 주문오류 · 일정변경	· 일정변경 없이 추진 설계 신중
재작업	· 질적 안전 문제 · 고객 불만	· 고객 욕구 철저히 분석
검수/확인	· 사후관리 요원 향상 · 공급품질	· 책임시공
미분양분(자체사업)관리	· 수요예측 오류(착오) · 높은 판매가격 · 품질의 저하	· 잠재 수요 발굴 및 예측 시스템 개발
하자보수	· 품질저하	· 시공 실명제 도입
자금부족	· 판매부진, 분양대금 미납	· 유동 자금 확보 등

현장에서 자재관리는 매우 중요한 부분이지만 너무 많은 자재로 인해 관리비용이 증가되는 것도 생산성을 향상시키지 못하는 사례이다. 반대로 자

재 수급조절을 잘못하여 자재부족으로 공사 일정이 지연되는 사례도 생산성을 향상시키지 못하는 활동이다. 또한 현장실수로 재작업 또는 미분양, 하자보수 발생 등은 생산성이 높은 분야라 하기 어렵다.

활동요소를 조직의 목표에 맞게 구조적 원가동인과 실행적 원가동인으로 우선 구분한다. 구조적 범위와 구조 안에서 실행적 요소를 찾고 각 부서별 활동을 열거할 때에 투입대비 산출 측면이 배제되기 쉽기 때문에 최종적으로 그 범위를 확정할 때는 너무 많은 동인을 두지 않고 동인의 확대와 축소로 조정한다.

3) 활동(Activity)에 대한 원가관리 전환

부동산건설업에 있어서 활동을 구분하고 원가를 절감하여 생존 전략을 갖는 기업에 있어 이제 이익관리 개념이 변화되고 따라서 원가관리도 변화가 일어난다.

부동산건설업 특징은 수주금액(분양가격)이 결정된 후 건설원가에 의해 프로젝트 이익이 결정된다.

$$\ulcorner \sum P - \sum C = \pi \lrcorner 의 \ 식으로 \ 표현된다$$

주어진 일정 내에 모든 원가가 고정비로 취급된다면 해당사업의 이익은 더 이상 증가할 수 없다. 그러나 일정 기간 내에 발생되는 공정원가는 서로 대체될 수 없으므로 모든 활동이 원가계산 되어야만 한다고 가정하는 공사 종류별 활동기준원가에서는 상황이 다르게 된다.

활동기준원가는 모든 활동의 원가와 공정의 변화가 전체 활동의 결과에 미치는 영향을 보여주거나, 보여주려고 시도한다. 즉, 수주금액에 기초한 목표 원가 혹은 원가(Price-Led Costing)이다. 전통적 원가 계산은 각각의 발생 원가 합이 가격이다. 즉 원가중심가격 결정이었다. 여기에 비해 활동기준원가는 가격이 결정된 것에 따라 활동을 기준으로 원가를 산출한다. 즉, 가격 중심 원가결정이다.

부동산건설업으로 하여금 경제사슬원가(Economic-Chain Costing)를 받아들이도록 강요하는 강력한 동인은 원가에 기초한 가격 결정(Cost-Led Pricing)에서부터 가격에 기초한 원가(Price-Led Costing)로의 전환일 것이다. 수주금액에 기초하여 최대의 이익을 확보하기 위해서는 공사종류별 활동(Activity)에 의한 원가 계산과 관리가 더욱 중요하게 된다.

〈표 4-4〉 전통적 원가 vs 공종별 활동기준원가 기본가정 비교[56]

구 분	전통적 원가	활동기준원가
기 본 가 정	① 무엇을 하는 데 드는 비용 ② 각각의 발생 원가 합이 가격이다. $\sum cost = price$	① 「무엇을 하는 데」 및 「무엇을 하지 않는 데」 드는 비용까지 포함 Activity중심의 원가 계산 ② 가격 결정 후 원가(cost)를 산출한다.
특 징	① 원가중심 가격 결정 　(Cost-Led Pricing) ② 서비스업－고정비와 변동비의 구분이 없다.	① 가격중심원가결정(Price-Led Costing) ② 주어진 기간 내의 모든 비용은 변동비 ③ 자체 사업－분양가 결정 후 원가 산정 공공 입찰－입찰금액 결정 후 원가 산정

부동산건설업은 기존의 원가관리방식을 탈피하여 계속기업(going concern)으로 생존하기 위한 생존경영(Survival Management)을 위해 관리의 전환이 필요하게 된 것이다. 기업은 창업보다도 계속성장 발전하기가 더욱 어렵기 때문이

---

56) 남규현, 전게서, p.85 재구성.

다. 생존경영이란 창업된 이후 기업이 지속적으로 성장 발전하기 위해서 생산성 향상을 위해 노력하고 기업 고유의 핵심역량에서 기업 자신만이 갖는 고유의 핵심가치를 창출할 때만 생존 가능한 것이다. 전통적 회계는 지출내역 중심의 원가관리로 원가의 정보를 보고 효율과 비효율을 찾기가 어려운 구조이다. 공종별 ABC 관점은 공종별 활동(Activity)중심으로 부가가치와 비용을 활동 동인별로 찾아내기가 비교적 용이하다. 전통적 원가관리는 재료비, 노무비, 외주비, 기타경비 등 지출내역 중심으로 나타나지만, 공종별 활동기준원가는 실제 Activity에 의한 원가를 보여 줄 수 있다. 전통적 원가관리구조와 공종별 ABC을 비교 예시해 보면 다음과 같이 된다. 현행 경영원가 방법은 외부보고용으로 재료비, 노무비, 기타경비, 외주비의 정보로 나타나는데 이것은 내부고객에게 무슨 활동을 개선해야 하는가에 대해서 명확한 활동을 제시하지 못하고 있다. ABC의 관점은 활동영역별로 목표와 실적을 구분할 수 있어 내부 고객에게 경영혁신의 정보제공이 가능하다.

〈표 4-5〉 전통적 원가 vs 공종별 활동기준원가 예시

구 분	현행 원가관리	ABC View	
	지출내역 중심에 원가정보	활동(Activity)중심 원가정보	
1. 원가 정보 차이		공통가설공사비	100,000
		토목공사비	200,000
		건축공사비	400,000
		전기공사비	100,000
	재료비 500,000	기계설비비	200,000
	노무비 200,000	조경공사비	100,000
	외주비 300,000	소모품비	100,000
	기타경비 300,000	접대비	100,000
	총비용 1,300,000	총비용	1,300,000
2. 중점 사항	무엇에 사용했는가 중심	어떤 활동에 사용하였는가 중심	
3. 원가관리 목표	공사의 최종 순익 외부 재무정보 제공 목적	Activity에 의한 원가 절감으로 경영 활동 합리화 추구	

* 각각의 공종별 원가는 각각에 대한 재료비, 노무비, 외주비, 경비의 합이다.

ABC 관점에서 분석된 정보는 단순히 원가절감뿐만 아니라 이제 절감된 자원을 다른 곳에 투자하여 전체의 질적 향상을 꾀해야 한다. 일정부분이 하자가 발생되어도 전체적으로 결함이 있는 것으로 오해받을 수 있으므로 자원의 적절한 재배치가 있어야 한다. 현행 원가관리 제도와 ABC의 개념을 비교하면 다음과 같다.

〈표 4-6〉 현행 원가제도와 ABC 개념의 비교

구 분	현 행	ABC 개념	비 고
1.시장 경쟁 구조 변화	공급자 중심 추과 수요 선분양 제도	소비자 중심 공급 과잉 후분양제도 전환 미분양 발생 대비 (기업 내 단기 특수 의사 결정 필요시 정보제공)	* 주택보급율 증가 * 質的 변화
2. 원가정보의 형태	·지출내역중심 재료비 노무비 외주경비 경비: 급료와 임금 / 복리후생비 / 접대비 / 소모품비 / 회의비 등	·공사 내역(Activity)중심 다공종 / 중공종 ① 공통가설공사비 : 가설공사 기초 및 토공사 ② 토목공사비 : 배수공사, 상수도공사, 구조목공사 ③ 건축공사비 : 철골공사, 석공사 등 ④ 기계설비공사비 : 기계설치 소화배관 등 ⑤ 전기공사비 : 전등, 전열공사, 동력설비 등 ⑥ 조경공사비 : 석재공사, 시운전 등 ⑦ 간접비 : 제 경비	* Activity중심 원가정보 제공
3. 원가관리 목표	·공사의 최종손익을 계산하고, 외부재무 정보제공 목적 ·공사 완공 시까지 공사 진척도 업무진행 점검이 어려움	·건설공사의 4대 관리기능인 원가관리, 안전관리, 공정관리, 품질관리의 기초인 Activity를 중심으로 실행예산을 작성 ·Activity에 의한 원가 절감으로 경영 활동 합리화 추구	·실행예산 수립과 집행을 Activity 중심으로 관리
4. 유용성 증가	(1) 지출 내역 중심의 원가정보는 구체적인 업무 활동을 표현하지 못하고 있음 (2) 원가 통제 Point 찾기가 곤란함	(1) 보다 정확한 원가공개 가능 (2) 판매가격 결정 시 타사보다 경쟁력 있는 가격제시 가능 (3) 간접비 등 원가요소를 Activity에 의해 통제함으로써 낭비적인 요소 제거 가능 (4) 경영자의 다양한 의사 결정 자료 제공 가능	

제4절 ABC의 유용성 및 한계점

1. 유용성

ABC는 제조 간접비를 정확히 배부하여 제품원가를 올바르게 구하는 데서 출발하여 이제는 활동기준관리(Activity-Based Management: ABM)라고 한다. 활동이 원가를 발생시키는 데 초점을 두고 있다. 이 책에서는 활동기준원가(ABC)와 활동기준관리(ABM)가 부동산건설업에 어떻게 유용하게 사용될 수 있는가를 살펴보고 향후 ABC를 통해 경영혁신에 기여해 보고자 한다.

1) 경영혁신을 위한 수단으로서의 ABC

부동산건설업의 기업 환경은 갈수록 치열해지고 경쟁도 한층 심화되어가고 있다. 이제 부동산건설업도 끊임없이 관리혁신을 하여 원가절감을 해야 하는 부담을 안고 있는 상황이다. 이런 상황에서 반드시 요구되는 가치 있는 일(즉 기업 목표와 분리되는 성과)은 기업 활동을 남보다 능률적으로 수행하는 것이다.

부동산건설업은 수주금액(판매금액)이 먼저 정해지고 사후에 원가를 산출하는 현시점에서는 더욱 원가절감이 필요하다.

향후에는 부동산 주택부문에서 후분양제도의 도입으로 건축 활동 과정이 더욱 중요하다. 전략 경영상 가장 관심을 기울여야 할 분야는 기업경영 수행과정, 즉 프로세스이다. 부동산건설업이 우량기업으로 계속 성장발전해 나가기 위해서는 기존의 경영관리방식을 끊임없이 검토하여 지속적인 개선을 추구해야 한다. 최근 기업경영에서 비즈니스 리엔지니어링 개념도 그 실상은 고정관념을 벗어나 ABC의 일부 측면을 다른 용어로 강조한 것이라 볼 수 있다. 또한 경영혁신이 제대로 효과를 발휘하기 위해서는 가급적 높은 목표(즉, 특정분야의 제1인자들이 달성하고 있는 수준 등 최선의 실행방법)를 설정하고 이를 성과 평가의 기준으로 삼을 필요가 있다. 이것이 곧 벤치마킹이 추구하는 점이다.[57] 기업 간의 벤치마킹뿐 아니라 이제는 산업 간에 있어서도 관리방법이 우수한 형태가 있으면 벤치마킹이 필요하다고 본다. 벤치마킹은 ABC가 강조하는 제거대상의 비부가가치 활동에 대한 지적 및 개선의 범위를 정하는 것 등이 있어서 유용한 개념이라 본다. 기업내부에서는 ABC을 통한 활동분석과 관리는 부동산건설업에 있어서 정보 활용을 한층 더 발전시켜 생존 경영을 위한 경영혁신 방법으로 그 유용성을 증대시킬 것이다.

2) 원가 절감을 위한 방법으로서의 ABC

원가를 절감하는 것은 ABC에 있어서 중요한 관심사이다. 부동산건설업에 있어서도 조직 전체의 활동분석을 한 후 조직 내의 구성원을 재배치하고 생산성을 높이는 것이다. 활동분석으로 생산성을 높이는 것은 우선 활동들이 활용되거나 수행되는 방법을 변화시키고 나서 즉 활동관리가 이루어진 후 개선의 결과 생긴 잉여자원을 재배치하는 것이다. 원가절감이 전면적인 해결책이 아니라 절약된 자원을 어떻게 유용하게 사용하느냐 하는 것이 중요한 문제이다.

---

57) 신홍철, 전게서, pp.234-235.

진정한 원가절감을 꾀하는 5가지 지침은 활동관리에 있어 중요한 의미를 주고 있다.(Turney, 1992)

(1) 시간과 노력의 감축이다. 활동수행에 필요한 시간과 노력의 감축을 업무의 과정을 개선시키는 효과가 있다.

(2) 불필요한 활동의 제거이다. 생산현장뿐 아니라 간접지원부서도 기업 내부고객이 꼭 필요로 하는 정보를 창출하여 제공함으로써 불필요한 활동을 제거한다.

(3) 저원가 활동의 선택이다. 같은 효율을 가지고 오는 활동 중 가장 저렴한 원가를 발생시키는 활동을 선택한다.

(4) 가능한 경우에는 활동을 공유할 필요가 있다. 기업 내 정보가 축척되어 부서 상호간에 정보의 교류로 중복된 활동이 되지 않도록 한다.

(5) 활동되지 않는 자원의 재배치이다. 아무리 활동의 양을 줄인다고 해도 그 자체로 동활동에 투입되는 설비나 인원이 감축되는 것이 아니다. 따라서 미활용 되는 자원을 처리하는 의사결정(다른 업무로의 전환 또는 재배치 등)이 의도적으로 뒷받침되어야 효과를 볼 수 있게 된다.

3) ABC의 가치분석 기능

부동산건설업뿐 아니라 다른 기업에서도 일반적으로 원가 절감은 활동의 변화를 통해서 이루어진다. 경영진이 조직 구성원에게 원가를 절감하도록 요구를 해도 실제로 활동이 변화되지 않고서는 원가절감이라는 목표를 달성할 수 없다. ABC는 가치분석과 밀접한 관련이 있다. 왜냐하면 활동에 투입된 노력과 산출물과의 관계로 쉽게 파악이 가능하다. 물론 재무적인 요인과 비재무적 요인이 있어 계량화하기가 곤란한 부분도 있다. 하지만 ABC는 가치사슬과 밀접한 관련을 맺고 있어 이 과정에서 비부가가치적 활동을 배제하거나 최소화하려는 변화를 꾀하게 된다.

가치사슬이란 연구개발에서 물류에 이르기까지 경영전반에 걸친 부가가치 활동의 묶음을 의미한다.58) ABC는 기업 내 전 운영 활동에 대한 분석을 통해 정말로 특정 활동이 부가가치 활동인지를 검토하는 식으로 전개되기 때문이다. 이러한 ABC의 유용성을 부동산건설업이 생존을 위해 반드시 받아들여야 할 경영혁신 방법이라 생각된다.

2. 한계점

ABC 도입이 성공을 거두기 위해서는 전산화를 비롯한 기술적 측면도 중요하지만 먼저 종업원의 태도 변화에 관심을 가져야 한다. ABC시스템을 도입했다고 더 이상 개선 사항이 없다고 하는 것은 잘못이다. 여전히 수정이 필요하다. 그 이유는 ABC가 갖는 몇 가지 한계점이 있기 때문이다.59)

(1) ABC는 행동적 측면이 강조되는 활동(Activity)중심이다. 따라서 종업원의 저항이나 반발 등 행동적 측면이 고려되어야 한다. ABC 추진업의 촉진자 역할을 담당하는 회계담당자가 기업의 운영방식을 올바로 이해하지 못하면 ABC는 성공할 수 없다. ABC운영상 필수적인 원가 유발 활동의 식별 및 분류를 위해서 회계 담당자는 경영진을

---

58) 신홍철, 전게서, p.233.
59) 신홍철, 전게서, pp.228-229.

비롯한 현장, 기술부문, 마케팅, 자재 구매 등 다양한 부서의 전문가와 끊임없이 접촉하여야 한다. 이 과정에서 회계담당자는 자신이 잘 알지 못했던 생소한 분야를 새로이 터득해야 하는 부담 때문에 불안감을 느끼게 마련이다. 그러나 장기적으로 기업운영 전반에 대한 이해가 높아져 오히려 기업에 기여하는 바가 높아지게 된다. 또한 비회계부서의 요원들도 회계에 대한 신뢰를 갖게 됨에 따라 회계시스템이 보고하는 수치를 보다 신중하게 여기게 된다.

ABC가 성공하기 위해서는 조직구성원이 자발적으로 참여하도록 설득하고 이들의 적극적인 지지를 얻는 것이 중요하다.

(2) ABC 라고 해서 완벽할 수 없으므로 ABC시스템이 되었다고 해서 지속적인 사후관리가 없으면 안 된다. ABC시스템이 도입되면 그 효과를 최대화하기 위해서는 종전의 재무적인 측정치와는 다른 비재무적인 측정치의 활용을 통해 과연 기업의 운영성과가 개선되고 있는가를 지속적으로 파악해야 한다.

(3) 공사종류별 정확한 원가계산을 원가동인에 의해서 하다보면 일부 왜곡현상이 나타날 수 있다. 이러한 한계점이 있음에도 불구하고 부동산건설업에 있어서 활동기준원가관리(ABC)는 활동을 분석하고 지속적인 개선을 통하여 기업이 생존할 수 있도록 하는 경영혁신의 한 방법임에는 틀림없을 것이다.

제5장 활동기준원가(ABC)를 적용한 사례분석

제1절 재무제표 중심의 분석

1. 손익계산서의 분석

각 기업의 재무보고서는 주로 기업회계 기준에 의하여 작성 공개되는 것이 일반적이다. 재무제표 작성 시 기본 가정은 (1) 기업실체 (2) 계속기업 (3) 기간별 보고 (4) 발생주의 회계를 전제하여 작성하게 된다.

기업회계기준서 제12호 건설형 공사계약의 회계처리 기준도 재무제표 작성 시 고려되는 기본 가정을 바탕으로 하여 공사수익과 공사원가를 공사가 수행되는 기간에 적절히 배분하는 회계처리를 주로 다루게 된다. D 산업 (주)의 경우를 사례로 선정하여 현재 기업에서 작성공시 하고 있는 사례를 중심으로 분석하려 한다. 먼저 손익 계산서와 원가 명세서를 중심으로 분석하였다.

D 산업(주)의 손익계산서를－보면 다음과 같다.

〈표 5-1〉 D사 손익 계산서

(단위: 억 원)

구 분	2002. 1. 1.-12. 31		2001. 1. 1.-12. 31		2000. 1. 1-12. 31	
	금 액	구성비율(%)	금 액	구성비율(%)	금 액	구성비율(%)
1. 매출액	26,521	100	25,614	100	24,894	100
2. 매출원가	23,331	88.0	22,100	87.8	21,640	87
3. 매출총이익	3,190	12.0	3,064	12.2	3,254	13
4. 판매비와 일반관리비	1,907	7.2	1,806	7.2	1,889	7.6
5. 영업이익	1,283	4.2	1,258	5.0	1,365	5.4
6. 영업의 수익	1,867	7.1	1,084	4.3	1,057	4.3
7. 영업의 비용	1,240	4.7	1,533	6.1	2,123	8.5
8. 경상 이익	1,910	7.2	809	3.2	299	1.2
9. 특별이익	10	-	-		902	3.6
10. 특별손실	35	-	312	1.2	527	2.1
11. 법인세 차감 전 순이익	1,885	7.2	497	1.9	674	2.7
12. 법인세 비용	669	2.5	180	0.7	278	1.1
13. 당기순이익	1,216	4.6	317	1.3	396	1.6

※ D사 재무제표 참고작성

손익 계산서에 나타나는 것과 같이 매출 원가율은 최근 3년간 큰 변화가 없었다. 매출액과 매출원가 구성을 좀 더 자세히 보면 다음과 같다.

〈표 5-2〉 매출액과 매출원가 구성

(단위: 억 원)

구 분	2002		2001		2000	
	금 액	구성비(%)	금 액	구성비(%)	금 액	구성비(%)
매 출 액	26,521	100	25,164	100	24,894	100
공 사 수 입	20,764	78.3	17,292	68.7	15,190	61.0
분 양 수 입	1,510	5.7	3,215	12.8	3,266	13.1
제품 매출액	3,587	13.5	4,051	16.1	6,030	24.2
기 타	660	2.5	606	2.4	408	1.1
매 출 원 가	23,331	88.0	22,100	87.8	21,640	87
공 사 원 가	17,811	76.3	14,905	67.4	12,609	58.3
분 양 원 가	1,327	5.7	2,705	12.2	2,650	12.2
제품매출원가	3,422	14.7	3,802	17.2	5,816	26.8
기타매출원가	771	3.3	688	0.3	565	0.3
매출 총이익	3,190	12	3,064	12.2	3,254	13

공사원가 부분이 차지하는 내역을 비용항목이 어떻게 구성되어 있는지 살펴본다. 다음은 공사원가 명세서이다.

〈표 5-3〉 공사원가 명세서

(단위: 억 원)

구 분	2002		2001		2000	
	금 액	구성비(%)	금 액	구성비(%)	금 액	구성비(%)
1. 재료비	4,991	28	4,645	31.2	3,244	25.7
2. 노무비	1,024	5.7	1,022	6.9	1,325	10.5
3. 외주비	9,308	52.3	7,000	46.9	5,724	45.4
4. 경 비	2,385	13.4	2,224	14.9	2,335	18.5
5. 당기총공사비용	17,708	99.4	14,891	99.9	12,628	100.1
6. 공사 손실 충당 금전입(환입)액	103	0.6	14	0.1	△19	△0.1
7. 당기 공사원가	17,811	100	14,905	100	12,609	100

D사의 경우에도 노무비는 2000년 이후 전체 공사비에서 점차 감소하고 외주비는 증가하고 있다. 이것을 해석해 보면 여러 가지로 생각해 볼 수 있다.

(1) 내부인력을 감소시켜 외주가공처리를 하는 구조로 전환되었다고 볼 수 있다. 건설업이 기업구조조정 과정을 거치면서 내부 인력이 하던 업무를 모두 외주처리 한다는 의미이다. 즉 아웃소싱이 많이 이루어 지고 있다는 의미이다.

(2) 역으로 생각해보면 내부 전문 기술 인력이 감소되고 점차 외주업체에 의존도가 높아지면서 공사단계별 시공의 질을 점검할 수 있는 시스템이 필요하게 되었음을 시사한다.(기술 축적 시스템도 적극적으로 가동해야 한다.)

(3) 아직까지 외부업체의 공사단계별 비용과 일정을 고려한 품질관리 시스템이 완전하지 못한 상황이다. 더구나 외주업체 선정 시 우선 고려대상은 도급금액에 치중하며 건설과정에는 높은 비중을 두지 못하게 된다.

(4) 재무제표에서는 원가구성비의 변화 정도만 알 수 있지 어떤 활동에 의한 비용인지는 나타나 있지 않다.

(5) 전문적인 회계용어와 공사내역비와 어떤 관계가 있는지 알기가 어렵다. 외부정보 이용자도 점차 많은 정보공개를 요구하는 상황이다.

(6) 유형의 측정 가능한 비용 절감뿐 아니라 무형의 비용도 발생될 수 있는데 외주가공비를 증가시키고 내부인력을 너무 축소시키면 기업내부에 축척되어야 할 정보를 가져가기 어려울 수도 있다.

(7) 외부보고 목적으로 작성한 재무제표는 기업이 어떤 동인에 의해서 활동을 해야 하는지도 제시하지 못하고 있다.

현재 재무제표 작성위주로 관리되는 제조원가 명세서와 손익계산서는 기업내부의 경영의사결정에도 정보제공이 가능하고 외부정보 이용자도 좀 더 쉽게 접할 수 있도록 개선의 필요성이 커지고 있다.

2. 활동의 원가동인 분석

현장에서 공사 활동을 수행하는 것뿐 아니라 부동산건설업을 운영하는 경영 활동에서도 매우 중요하다. 경영관리 및 지원부문 활동의 원가 동인을 살펴보면 서로 다르게 나타난다. 현장 관리부서는 일정과 품질에 관심이 있고 경리와 자금은 비용지출과 일반 외부 재무회계에 관심이 놓이게 된다. 지원부문의 원가 동인을 예시해 보면 다음과 같다.

〈표 5-4〉 지원부분 활동의 원가동인 분석

부 문	활동 중심점	활동 동인
경영관리(기획)부	·기업의 목표제시 ·의사결정 활동 등	·기업의 영업 비젼 ·미래 사업의 경영의사결정
회계(경리)부 (자금부)	·일반회계·자금의 확보 ·관리회계 ·세무회계	·외부 기준을 따르지 않은 경우 과태료 등 ·제품별 생산, 세액
원가관리부	·표준단가, 공사실행예산 발주금액 등	·외주 업체 발주 금액 ·내부 제작원가
구매(자재)부	·자재 계획 및 발주 ·자재구매 ·자재의 표준단가, 취급요령 등	·재료의 소비액 ·재료의 구매와 질
외주업체 관리부 (품질관리부)	·하청 업체의 지도 감독 ·자재의 입고관리 ·출고 자재의 관리	·하청업체의 진척도 관리 ·자재의 품질 기준관리
공정관리부	·작업순서, 표준시공속도	·납기, 하자관리
현장관리부 (공무)	·일정과 자재관리 ·현장 입원관리	·일정지연에 따른 벌과금 ·현장 민원 발생 등

기업은 각 부문이 상호 의사소통이 원활히 이루어져야 한다. 그러나 막상 현장에서 일을 하다보면 많은 제약조건이 있다.

많은 제약 조건 중에 각 부문 모두에게 적용되는 몇 가지 공통된 요소를 찾아보면 크게 자원(예산)과 일정, 품질로 요약된다. 제한된 자원으로 질이 높은 제품을 생산하려다보니 결과보다는 건설과정이 중요시 되어야 한다.

지원부문의 활동과 동인도 공사현장에서 이루어지는 원가관리만큼 중요하다. 경영관리부서나 자금부의 현금흐름이 잘못 예측되거나 관리가 제때 이루어지지 못하면 부가가치가 낮은 활동으로 나타날 수 있다.

기업에서 발생할 수 있는 것으로 부가가치가 낮은 활동과 그 예를 제시

해 보고자 한다. 부가가치가 높은 것인지 낮은 것인지는 담당부서의 입장이
아닌 기업전체의 입장에서 중요성을 분석하였다.

(1) 자재보관 및 유지

구매부나 자재부의 입장에서는 충분한 원자재를 보유하고 가격 상승
이 예상되는 경우 많은 원자재를 갖게 되면 매우 좋은 일이다.

그러나 작업장 내의 과다한 원자재로 인하여 작업에 지장을 초래하
거나 추가로 보관비용이 발생될 수도 있다. 또한 새로운 자재가 나오
거나 유행이 지나서 사용할 수 없는 상황도 발생될 수 있다.

여기서는 재고관리와 재고배치가 중요한 동인이 된다. 입고 보관 순
서 및 공정관리 순서가 중요한 동인으로 적정재고를 유지할 수 있는
시스템의 구축이 중요한 개선 방안이다.

(2) 긴급자재관리

일정변경이나 주문 오류 등으로 인하여 재고부족이 일어나는 행위로
부가가치를 크게 올리지 못하는 행위이다.

(3) 재시공 및 재작업

현장에서 불량이 발생되어 재시공을 하면 고객에게 불만으로 남을
뿐 아니라 질적 안전문제와 비용이 추가적으로 발생되어 부가가치가
있는 행위는 아니다.

(4) 검수확인

표준과 실행을 검수하는 것이 필요하지만 과다한 검수확인 비용은
부가가치를 크게 향상시키지 못한다.

처음부터 책임시공으로 검수 확인을 줄이는 것이 바람직하다.

(5) 자체사업에서 미분양분 발생

잠재수요 예측이 잘못되거나 높은 가격 또는 품질의 저하 등으로 미분양이 발생되었다면 이것도 부가가치가 높은 활동은 아니다.

처음부터 수요 예측 개발 시스템의 도입과 적정한 판매가격을 예측할 수 있는 제도적 장치가 필요하다.

(6) 하자 보수

하자보수도 부가가치 있는 행위는 결코 아니다. 제대로 시공을 하고 표준에 의하여 사전에 하자를 방지해야 한다.

(7) 자금부족

자금부족으로 차입금이 증가되고 지급이자가 증가되는 것도 크게 보면 부가가치가 향상되는 것은 아니다. 판매를 제때해서 분양대금이 적절히 회수되면 차입금이 없어도 자금을 확보할 수 있기 때문이다. 유동 자금 확보를 차입금이 아닌 판매 대금으로 확보하는 것이다.

기업전체의 관점에서 각 부서의 활동을 분석해 보면 비능률적인 활동과 낭비적인 활동을 어느 정도 판단할 수 있다.

공사현장에서의 활동과 그 내용을 간단히 예시하면 다음과 같은 활동이 있다. 가설공사 활동 시 그 공종은 비계설치공사 및 기타 가설공사로 구분할 수 있고, 기초공사는 토공사, 지정공사, 파일공사 등으로 구분할 수 있다. 철근 콘크리트공사의 경우는 거푸집공사, 철근공사, 콘크리트공사, P. C공사 등으로 구분한다. 철골공사, 조적공사, 미장공사 등도 그 활동을 세분해서 구분할 수 있는 사례 등이다.

〈표 5-5〉 공사 활동의 Activity 구분 예시

공사 종류	활동 중심점	활동 동인
가설공사	비계설치공사	비계설치 및 해체 등
	기타가설공사	기타 가설공사
기초 및 토공사	토공사	터파기, 되메우기 등
	지정공사	지정공사
	파일공사	파일공사 등
	영구배수공사 등	영구배수공사 설치
철근 콘크리트공사	거푸집공사	거푸집공사
	철근공사	철조공사
	콘크리트공사	콘크리트공사 등
철골공사	철골공사	철골공장 제작 및 반입, 철골조립 등
	내화피복 기타공사	내화 피복 등
조적공사	조적공사	벽돌공사, 블럭공사
	경량 벽돌공사	경량 벽돌공사

제2절 공사종류별 사례분석

1. 요소별 원가계산과의 비교

기존원가 계산방식은 주로 원가요소별 계산 형태이다. H회사가 실제로 지방에서 수행했던 프로젝트 건설 과정에서 얻은 원가 자료를 비교해 보았다. 기존원가 계산은 사후 원가계산 위주였기 때문에 기업내부의사 결정 정보를 제공하는 데는 한계점이 있었다.

원가요소별 원가계산은 외부보고에 있어서 비교적 단순하게 표시된다. 그러나 외부정보 이용자의 정보요구가 점점 더 커지고 있으며 회계의 흐름이나 구체적인 업무 내용을 파악하기 위해서는 현재의 원가요소별 원가계산표는 다른 형태로 전환되어야 한다. 먼저 간접비가 발생된 현장에서 간접비 배부 방법에 대해서 알아본다.

<사례 1> ー신축공사 시 일반경비 등 간접비 배부에 따라 각 공사종류
별 원가가 달라지는 것을 살펴본다.

<사례 2> ー도급계약 대비 하도급 계약이 결정되는 과정에서 예산과 비
교한다.

<사례 3> ー도급공사에서 자재발주를 하는 금액과의 관계를 살펴보기로
한다.

〈표 5-6〉 신축공사 원가분석표

(단위: 천 원)

구 분	재료비	노무비	경 비	계	비 고
1) 건축공사	11,591,038	8,221,993		19,813,031	
(1) 공통기초공사	6,000	1,500		7,500	
(2) 조적공사	170,150	2,831,800		3,001,950	
(3) 지정공사	2,070	1,180		3,250	
(4) 철근콘크리트공사	3,334,130	1,069,320		4,403,450	
(5) 가설공사	48,190	121,730		169,920	
(6) 돌공사	342,680	226,250		568,930	
(7) 타일공사	8,981	18,600		27,581	
(8) 목공사	9,395	11,380		20,775	
(9) 방수공사	120,520	99,950		220,470	
(10) 지붕 및 홈통공사	75,140	5,140		80,280	
(11) 금속공사	2,543,720	517,840		3,061,560	
(12) 미장공사	53,100	214,900		268,000	
(13) 창호공사	2,450,294	370,302		2,820,596	
(14) 유리공사	837,398	284,383		1,121,781	
(15) 도장공사	146,840	188,300		335,140	
(16) 수장공사	772,745	334,108		1,106,853	
(17) 잡공사	48,955	7,676		56,631	
(18) 담장철거	12,900	2,194		15,094	
(19) 골재비	13,600	0		13,600	
(20) 운반공사	11,060	17,440		28,500	
2) 인테리어 공사	1,295,455	561,106		1,856,561	
(1) 가설공사	4,282	34,015		38,297	
(2) 돌공사	483,950	279,032		762,982	
(3) 타일공사	1,620	4,598		6,218	
(4) 목공사	137,897	66,132		204,029	
(5) 방수공사	4,639	7,044		11,683	
(6) 금속공사	367,284	51,211		418,495	
(7) 미장공사	4,785	22,125		26,910	
(8) 유리공사	7,904	1,862		9,766	
(9) 도장공사	27,715	64,220		91,935	
(10) 수장공사	193,080	29,967		223,047	
(11) 잡공사	59,000	900		59,900	
(12) 골재비	3,300	0		3,300	
3) 토목공사	1,099,000	1,209,000		2,308,000	
4) 조경공사	295,280	99,780		395,060	
5) 기계건설공사	3,733,970	1,207,000		4,940,970	
6) 경비		1,130,740	6,421,512	7,552,252	
공사비 합계	18,014,743	12,429,619	6,421,512	36,865,874	

　　<사례 1>에서 수집된 사료를 보면 공사내역별로 재료비, 노무비, 경비 항목으로 구분이 되어 있다. 경비를 좀 더 구체적으로 나누어 보면 해당 활동을 찾을 수 있는 경비와 그렇지 못한 공통비로 구분 할 수 있었다.

　　예로서, 현장 공사 중 현장 전체에 안전망 공사설치비, 배수로 공사 등에 사용된 자재와 인건비는 공통가설공사비용으로 해당 비용을 찾을 수 있었다. 또한 조적공사를 위한 운반비와 철근콘크리트 공사를 위한 운반비 등은 그 공사 종류별로 해당 금액을 직접 배부할 수 있었다.

〈표 5-7〉 활동분석표

비 용	활 동	원가동인	비 고
복리후생비	간접비	근무시간	인건비성 경비
퇴직공제부담금	간접비	근무시간	
안전점검비	본 공사	근무시간	
여비, 교통비	안전교육, 출장 등	근무시간	
품질관리비	자재표준 등 점검	근무시간	
산재보험료 등	본 공사	근무시간	
전력, 수도광열비	본 공사	사용량	재료비 관련항목
기계경비	본 공사	재료비사용	
운반비	철근, 콘크리트 등 자재 운송	운송거리, 재료비사용 등	
감가상각비	현장기계사용	기계사용	
폐기물처리비	본 공사	재료비사용	
보관비 등	구매보관	원자재 수급	
임차료 지급수수료 세금과 공과 현장관리비 등	간접비 간접비 간접비 간접비		현장이 존속함으로서 발생되는 비용

　　현재 사용하는 간접비 배부기준은 주로 재료비 사용량, 직접작업시간 등으로 공사종류별 총 사용금액 기준으로 배부하게 된다.

　　그런데 간접비는 분석 단위 범위 묶음별 수준에 따라 배부되는 금액이 다르게 나타난다. <사례 1>에서 수집된 경비 자료를 중심으로 활동에 따른 금액을 산출하는 데 한계가 있어서 공사 활동과 관련 정도가 구분이 되는 것을 금액별로 재분류해 보았다.

<표 5-8> 경비내역

(단위: 천 원)

공 사 종 류	금 액	비 고
본 공 사	943,325	관련품의서 등으로 구분
토 목 공 사	1,356,000	관련품의서 등으로 구분
조 경 공 사	10,670	관련품의서 등으로 구분
간 접 비	4,111,517	집행 영수증
소 　 계	6,421,512	집행 영수증
간 접 노 무 비	1,130,740	원천징수영수증 등 확인
경 비 계	7,552,252	

주) 자료의 한계상 구체적 항목을 구분 못함.

　　경비 내역에는 간접노무비, 본 공사비와 토목공사비 등으로 크게 분류할 수 있었다.

　　간접비는 약 41억 수준으로 파악이 되었지만 구체적인 항목으로 정확히 파악하기가 힘들어 내부 자료와 공사비 200억 이상에서 조사된 2002년도 경비율과 같다고 전제하여 배부하였다.

본 사례의 경우 약 368억 규모공사인데 간접비가 41억 수준으로 공사비에 11% 정도 수준을 포함하고 있었다.

〈표 5-9〉 간접비 구성내역

(단위: 천 원)

구 분	금 액	비 고
인건비 관련 항목	581,827	
1. 복리 후생비	271,575	
2. 퇴직공제부금	3,646	
3. 안전 점검비	554	
4. 여비, 교통비	61,847	근무일수, 시간에 따라 변화
5. 안전관리비	38,585	
6. 품질관리비	554	
7. 산재 보험료 등	205,666	
재료비 관련항목	437,917	
1. 기계경비	336,007	
2. 운반비	58,155	
3. 감가상각비	41,632	재료비 사용 증감에 따라 변화
4. 폐기물 처리비	1,938	
5. 보관비	185	
현장유지관리 등	3,91,773	
1. 세금과 공과	261,051	
2. 임차료	224,128	현장존속에 따른 원가
3. 지급 수수료	1,256,333	
4. 현장관리비 등	1,350,261	
간 접 비 계	4,111,517	

간접비를 현재의 배부 방법과 ABC에 의한 배부 방법을 적용했을 때 그 결과는 공사종류별로 다르게 나타났다.

본 공사와 토목공사 금액에서 많은 차이가 발생하는데 현장에서 토목공사와 본 공사의 명확한 구분 없이 혼용해서 관리하는 경우 발생 할 수 있는 상황이다. 기계장비와 인건비 자재를 구분 관리하여 토목공사에 사용되는 것과 본 공사에 사용되는 원자재를 명확히 분류하지 않는 경우 원재료 하나로 관리하다 보면 서로 다른 공사에 비용이 포함되게 된다.

통합된 원자재의 계정과목으로 관리하다 보면 이제까지 토목공사가 다른 기업보다 경쟁력이 있을 거라 판단했던 것이 정보가 추가적으로 세분화되어 토목공사는 경쟁력이 오히려 떨어진다고 다시 의사결정을 해야 할 것이다. 현재의 전통적 원가계산 방법에서 간접비 배부가 이루어지는 절차를 간단히 살펴본다.

〈표 5-10〉 현행 전통적원가 계산방법

(단위: 백만 원)

| 구 분 | 직 접 비 | | | | 배부대상 간접비 | 간접노무비 (주1) | 경비배부액 (주2) | 간접비배부액 (C) | 총원가 (A+B+C) |
| | 재료비(A) | | 노무비(B) | | | | | | |
	금 액	비율(%)	금 액	티율(%)					
1. 본 공사	11,591	64	8,221	72.8		824	4,367	5,191	25,003
2. 인테리어공사	1,295	7	561	4.9		55	385	440	2,296
3. 토목공사	1,099	6	1,209	10.7		121	514	635	2,943
4. 조경공사	295	2	100	1		11	64	75	470
5. 기계설비	3,734	21	1,207	10.6		120	1,091	1,211	6,152
6. 간접비 ① 노무비 ② 경 비					1,131 6,421				
계	18,014	100	11,298	100	7,552	1,131	6,421	7,552	36,864

주1) 간접노무비 배부기준: 노무비 사용비율로 배부
주2) 경비 배부 기분: 직접비(재료비+노무비) 사용비율로 배부함

<표 5-11> ABC를 적용한 배부금액

(단위: 백만 원)

구 분	직 접 비		간 접 비					배부후 총원가
	재료비 (A)	노무비 (B)	추적 가능비용 (C)(주1)	간접 노무비 (D)(주2)	인건비성 비용 (E)(주3)	재료비성 경비 (F)(주4)	기타경비 (G)(주5)	
1. 본 공사	11,591	8,221	943	823	424	280	2,101	24,383
2. 인테리어공사	1,295	561	1	56	29	31	186	2,159
3. 토목공사	1,099	1,209	1,356	121	62	26	247	4,120
4. 조경공사	295	100	11	11	5	9	31	462
5. 기계설비	3,734	1,207	-	120	62	92	525	5,740
계	18,014	11,298	2,311	1,131	582	438	3,090	36,864

주1) 공사영역별로 구분 가능한 비용을 추적한 것임.
주2) 간접노무비는 직접노무비 사용액 기준으로 배부함.
주3) 인건비성경비는 직접노무비 사용액 기준으로 배부함.
주4) 재료비 사용액 기준으로 배부함.
주5) 직접비(재료비+노무비) 사용액 기준으로 배부함.

<표 5-12> 현행 전통적 원가계산과 ABC 적용 비교

(단위: 백만 원)

구 분	현재 전통적 원가계산(a)	ABC적용(b)	차이금액(a-b)
1. 본 공사	25,003	24,383	620
2. 인테리어공사	2,296	2,159	137
3. 토목공사	2,943	4,120	-1,177
4. 조경공사	470	462	8
5. 기계설비	6,152	5,740	412
계	36,864	36,864	

　　현행 전통적 원가 계산과 ABC에 의한 비교를 좀 더 작은 범위에서 비교해 보고자 한다. 본 공사에 ABC를 적용함으로써 원가가 감소하였는데 세부항목별로는 어떻게 차이가 발생하는지 비교하려 한다.

〈표 5-13〉 본 공사 현행원가 계산과 ABC 적용 비교

(단위: 백만 원)

구 분	현행원가계산	ABC적용	차이(A-B)
(1) 공통가설공사	10	191	-181
(2) 가설공사	3,948	4,038	-90
(3) 지정공사	4	4	-
(4) 철근콘크리트공사	3,218	3,124	94
(5) 철골공사	5,481	5,399	82
(6) 조적공사	220	208	12
(7) 돌공사	717	672	45
(8) 타일공사	36	34	2
(9) 목공사	26	24	2
(10) 방수공사	280	263	17
(11) 지붕 및 홈통공사	98	91	7
(12) 금속공사	3,788	3,590	198
(13) 미장공사	349	330	19
(14) 창호공사	3,479	3,234	245
(15) 유리공사	1,398	1,304	94
(16) 도장공사	428	403	25
(17) 수장공사	1,384	1,294	90
(18) 잡공사	70	65	5
(19) 담장철거	18	17	1
(20) 골재비	16	16	-
(21) 운반공사	35	82	-47
계	25,003	24,383	620

공통비 배부를 어느 범위에서 어떤 배부기준으로 하느냐에 따라 의사결정이 달라질 수 있다.

공통가설공사, 가설공사 등에서 차이가 분명히 나타나는 것을 볼 수 있다 전통적 원가 계산에서는 강점인줄 알았던 공종이 오히려 더 약점일 수도 있다 정확한 내역을 비교해 보자.

〈표 5-14〉 본 공사의 전통적 원가 계산방법

(단위: 백만 원)

구 분	직 접 비		간 접 비				총원가 (A+B+C)
	재료비 (A)	노무비 (B)	배부대상 간접비	간접노무비 배부(주1)	경비 배부액(주2)	간접비 배부액(C)	
(1) 공통가설공사	6	2		0	2	2	10
(2) 가설공사	170	2,832		284	662	946	3,948
(3) 지정공사	2	1		0	1	1	4
(4) 철근콘크리트공사	583	1,898		190	547	737	3,218
(5) 철골공사	3,334	1,069		107	971	1,078	5,481
(6) 조적공사	48	122		12	37	50	220
(7) 돌공사	343	226		23	125	148	717
(8) 타일공사	9	19		2	6	8	36
(9) 목공사	9	11		1	4	6	26
(10) 방수공사	121	100		10	49	59	280
(11) 지붕 및 홈통공사	75	5		1	18	18	98
(12) 금속공사	2,543	518		52	675	727	3,788
(13) 미장공사	53	215		22	59	81	349
(14) 창호공사	2,450	370		37	622	659	3,479
(15) 유리공사	838	284		28	247	276	1,398
(16) 도장공사	147	188		19	74	93	428
(17) 수장공사	773	334		33	244	277	1,384
(18) 잡공사	49	8		1	13	13	70
(19) 담장철거	13	2		0	3	4	18
(20) 골재비	14	-		-	3	3	16
(21) 운반공사	11	17		2	6	8	35
간접노무비			824				
경 비			4,367				
계	11,591	8,221	5,191	824	4,367	5,191	25,003

주1) 간접노무비 배부기준: 직접노무비 사용액.
주2) 경비 배부기준: 직접비(재료비+노무비) 사용액.

〈표 5-15〉 본 공사를 ABC적용 배부한 금액

(단위: 백만 원)

구 분	직 접 비		배부 대상금	간 접 비					배부 후 총원가
	재료비	노무비		간접비중 추적가능 액(주1)	간접 노무비 (주2)	인건비성 경비 (주3)	재료비성 경비 (주4)	기타 경비 (주5)	
(1) 공통가설공사	6	2		182	0	0	0	1	191
(2) 가설공사	170	2,832		284	284	146	4	318	4,038
(3) 지정공사	2	1		-	0	0	0	0	4
(4) 철근콘크리트공사	583	1,898		78	190	98	14	263	3,124
(5) 철골공사	3,334	1,069		286	107	55	81	467	5,399
(6) 조적공사	48	122		-	12	6	1	18	208
(7) 돌공사	343	226		-	23	12	8	60	672
(8) 타일공사	9	19		-	2	1	0	3	34
(9) 목공사	9	11		-	1	1	0	2	24
(10) 방수공사	121	100		-	10	5	3	23	263
(11) 지붕 및 홈통공사	75	5		-	1	0	2	8	91
(12) 금속공사	2,543	518		64	52	27	61	325	3,590
(13) 미장공사	53	215		-	22	11	1	28	330
(14) 창호공사	2,450	370		-	37	19	60	299	3,234
(15) 유리공사	838	284		-	28	15	20	119	1,304
(16) 도장공사	147	188		-	19	10	4	36	403
(17) 수장공사	773	334		-	32	17	20	117	1,294
(18) 잡공사	49	8		-	1	0	1	6	65
(19) 담장철거	13	2		0	0	0	0	2	17
(20) 골재비	14	-		-	-	-	0	1	16
(21) 운반공사	11	17		49	2	1	0	3	82
추적가능액			943						
간접노무비			823						
인건비성 경비			424						
재료비성 경비			280						
기타경비			2,101						
계	11,591	8,221	4,571	943	823	424	280	2,099	24,383

주1) 공사영역별로 구분 가능한 비용을 추적한 것임.
주2) 간접노무비는 직접노무비 사용액 기준으로 배부함.
주3) 인건비성경비는 직접노무비 사용액 기준으로 배부함.
주4) 재료비성 경비는 재료비 사용액 기준으로 배부함.
주5) 기타 경비는 직접비(재료비＋노무비)사용액으로 배부함.

두 번째 사례는 도급계약 대비 하도급 계약금액을 비교해 보았다. 계약상의 금액과 실행예산과 차이가 발생하는데 이것도 관리목표가 상이한 데서 비롯된다. 영업부서는 최저가 입찰로 수주를 하고 사후에 실행예산을 수립하게 된다. 또한 하도급을 실행할 때는 계약서에 있는 품질을 유지해야 하므로 물가상승 등에 의해서 금액이 더 증가한 사례이다.

〈표 5-16〉 도급계약 대비 하도급계약금액 비교

(단위: 천 원)

공 종			계약상 내역: A	실행예산	하도급발주 도급금액: B	비 율 B/A(%)	비 고
토 목			1,354,053	1,268,092	1,268,092	92.90	저가입찰 하도업 체 선정 후 실행 예산 편성
하 도 급 계 약	견 적	철거공사	23,894	32,000	33,661	140.88	하도계약 시 물량 증가 (견적오류)
		공조공사	776,951	929,398	1,015,248	130.77	인건비상승 인원초과투입
		평판재하시험	1,070	800	800	74.77	최저가입찰
		철골공사	44,404	45,567	47,464	106.89	자재 및 가공비 상승
		조적공사	93,517	113,043	141,197	150.99	인건비상승
		미장공사	82,819	90,442	158,059	190.85	자재 및 가공비 상승
		방수공사	68,195	66,226	64,269	94.33	최저가입찰
		석공사	509,336	526,286	610,000	119.76	대형판석 시공비 상승 견적오류
		테라조공사	30,747	29,930	29,330	95.99	최저가입찰
		수장공사	363,702	353,880	375,798	103.33	인건비상승
		단열공사	49,913	52,269	60,458	121.12	인건비상승
		도장/코팅공사	63,815	68,061	91,735	143.75	인건비상승
		잡철공사	80,321	87,739	88,253	109.68	자재비 상승
		기타공사	50,310	40,515	45,515	90.47	최저가입찰
		온실공사	460,191	431,000	431,000	93.66	최저가입찰
	전 기		295,304	366,230	354,842	120.18	인건비 상승 인원초과 투입
	기 계		1,018,595	940,118	984,570	96.66	최저가입찰
	조 경		409,324	409,323	403,323	95.53	최저가입찰
합 계			5,786,701	5,852,311	6,203,612	107.20	

   사례와 같이 계약서상의 내역과 실행예산, 하도급발주, 도급금액 모두 견적서에 있는 철거, 공조, 전기, 기계공사 등과 일치된 활동으로 관리하면 차이 원인을 쉽게 찾을 수 있다. 견적서를 기준해서 금액을 파악하다 보니 낮은 금액으로 수주한 공사를 실행예산과 비교하여 비교적 쉽게 알 수 있다. 실행예산 수립 후 하도급 발주 시에는 품질유지 및 가격변동에 의해서 하도급 발주금액이 실행예산보다 증가되는 현상을 볼 수 있었다. 특히 철거공사, 공조공사 등 몇몇 공사는 수주금액과 하도급 금액 차이가 상당히 크다.

   세 번째 <표 5-17>은 도급계약 대비 자재 발주금액을 비교하였다. 두 번째 사례는 모두 도급공사를 주어 공통비 배부 문제가 적었다. 그런데 세 번째 사례는 공통가설 및 간접비가 발생된 예이다.

〈표 5-17〉 도급계약 대비 자재발주 금액 비교

(단위: 천 원)

공 종			계약내용 (자재): A	실행예산	실제 자재발주 금액: B	비 율 B/A (%)	비 고
	토 목		144,237	146,418	146,418	101.51	자재비상승
자 재 발 주	건 축	레 미 콘	323,090	342,758	342,758	106.09	
		철 근	277,280	285,766	285,766	103.06	
		시 멘 트	39,547	41,707	41,707	105.46	
		모 래	12,404	12,056	11,911	96.03	자재사전확보 (지정업체)
		경량창호	183,193	187,761	185,787	101.42	커튼월 금액상승
		알 미 늄 창 호 등	108,051	143,200	205,859	190.52	자재 및 가공비 상승
		창틀공사	5,972	6,554	6,554	109.75	
		유 리	54,884	57,996	61,056	111.25	경쟁 입찰
		하드웨어	33,761	28,588	73,306	217.13	견적오류 (시방서 착오)
		바 닥 재	38,200	56,603	53,372	139.72	자재비 상승
		천 정 재	16,726	17,723	17,138	102.46	
		이 동 형 가 구	10,177	10,680	10,680	104.94	
		기 타	14,275	30,793	30,793	215.71	
	전 기		689,882	680,624	670,093	97.13	
	기 계		374,881	385,506	391,280	104.37	
간접비/AS비등			686,739	774,514	783,579	114.10	
총 계			3,013,299	3,208,347	3,318,057	110.11	

계약내용을 보면 자재가격과 실행예산과 차이가 발생되고 실제 발주할 때의 금액이 다른 경우다. 수주금액은 경쟁이 치열해서 낮게 받고, 하도급이나 자재는 품질유지로 무조건 낮추어 줄 수 없는 상황이다. <사례 3>의

경우 간접비, A/S비 등이 계약금액의 약 22% 정도 차지하고 있다. <사례 1>, <사례 2>, <사례 3> 현장별로 간접비를 배부한다면 본사 공통비는 공사금액 기준으로 배부하게 된다.

현행 전통적인 원가계산 방법은 재료비, 노무비, 경비 중심으로 표시되는데 이를 활동중심의 표시로 바꾸어 보면 아래 <표 5-18>과 같이 나타낼 수 있다.

ABC는 정보관리자가 계산의 범위를 어떻게 묶어서 나타내 주고 관리 하느냐에 따라 표시되는 금액이 약간씩 달라진다. 이러한 문제점을 제거하기 위해 사전에 계산범위와 관리 가능한 표준을 명확히 해야 할 것 이다.

〈표 5-18〉 원가계산 방법의 비교

원가요소별 원가계산

(단위: 백만 원)

구성항목	금 액	구성비(%)
재 료 비	18,014	48.9
노 무 비	12,429	33.7
경 비	6,421	17.4
기 계 경 비	1,095	
지급수수료	1,130	
현 장 관 리	694	
보험료 등	3,502	
합 계	36,864	100

※ 1. 외부 보고 목적
  2. 경리(회계)부서에서는 내부
     관리보다 외부기준에 중점
  3. 국세청 과세자료 확보
     관심
  4. 투명회계와 책임회계 측면
     에서 어떤 활동이 있었는
     지 확인 곤란

ABC에 의한 원가계산

(단위: 백만 원)

구성항목	금 액	구성비(%)
I. 본 공사	20,756	56.3
1) 공통가설공사	189	
2) 가설공사	3,286	
3) 철근콘크리트	2,559	
4) 철골공사	4,715	
5) 금속공사	3,125	
6) 창호공사	2,820	
7) 유리공사	1,121	
8) 수장공사	1,106	
9) 방수, 미장 등	1,835	
II. 인테리어 공사	1,858	5.0
1) 돌공사	763	
2) 목공사	204	
3) 금속공사	418	
4) 수장공사	223	
5) 도장공사	92	
6) 미장공사 등	158	
III. 토목공사	3,664	10.0
IV. 기 계	4,941	13.4
V. 조명공사	406	1.1
VI. 경 비	3,393	9.2
VII. 일반관리비	1,846	5
합 계	36,864	100

ABC에 의한 원가계산표는 다음과 같은 장점이 있다.

1) 공사단계별 내부에서 진행하는 경우와 외주업체에게 맡기는 경우 어느 것이 더 회사의 이익이 되는지 판단할 수 있는 정보를 줄 수 있다. 예를 들어 철골공사는 기업내부 인건비와 재료비로 하는 경우보다 외부업체에 하도급을 주어 제한된 인원과 일정 등을 조정할 수도 있다. 이제 회사의 비교우위 공정이 어떤 것이 있으며 기업내부에서 진행하지 않아도 되는 공정을 타 회사와 비교할 수 있는 기본적인 자료를 축적할 수 있다.

2) 특정공사에서 만 발생되지 않는 일반관리비는 경영의사결정에 중요한 자료이다. 특정 프로젝트의 수주와는 관계없이 일반관리비가 발생된다면 기업의 입장에서는 전략적 결정이 필요하다. 따라서 수주경쟁이 치열한 경우에는 일반관리비는 제외하고(고정비) 수주를 해도 단기 조업도를 높을 수 있다. 특수한 의사결정에서 ABC는 각 공사 종류별 원가를 파악하여 외주업체 선정여부에 영향을 준다.

3) ABC는 제한된 자원과 일정을 전제로 활동을 결정하기 때문에 회계 투명성도 높일 수 있다. 불필요한 비용의 지출 등은 낭비적 활동으로 책임회계 제도에서는 모두 배제 시킬 수 있기 때문이다.

4) 기업외부에서 점점 많은 기업정보를 요구하는데 회계적인 용어가 아닌 현실적인 공사 명칭과 과정으로 설명하면 기업의 정보가 보다 투명하게 공개될 수 있을 것이다.

원가요소별 원가 계산과 ABC에 의한 원가계산 방법은 그 유용성에서 서로 다르게 나타났다.

〈표 5-19〉 원가계산방법의 장·단점 비교

구 분	요소별 원가계산	ABC에 의한 원가계산
장 점	1. 외부보고 목적으로 간단하다. 2. 기업회계 기준 등에 적합한 자료이다	1. 공사과정별 내용을 알 수 있다. 2. 책임회계 제도 확립이 가능하고 투명 회계제도에 적합하였다.
단 점	1. 공사에 관한 과정별 정보를 알 수 없다. 2. 내부의사 결정 자료로 활용이 곤란하다.	1. 원가관리 과정이 복잡하다. 2. 기업외부에 너무 많은 정보를 공개할 수 있다.

이렇게 계산된 원가는 예산과의 비교를 통해 평가를 받게 된다.

특히 예산 대비 공사비의 증감은 다양한 원인에 의해 발생될 수 있으며 예측 불가능한 원인을 제외하고 예산대비 증감을 방지할 수 있는 부분에 대해서는 공사전, 공사진행 중, 공사 완료 후에 관리가 필요하다. 예산대비 공사비의 증감원인을 분석해 보면 다음과 같은 것이 있다

1) 부동산의 개별성과 특이성으로 인한 공사비 변동

현장의 특이성은 지역별 적용범위 및 허용치의 차이와 사전조사를 통한 지질조사와 실지반의 암반분포 등의 차이, 지하매설물에 대한 사전 표기 오류 등이며 공사기간과 공사비에 많은 영향을 미치는 요소이다. 특히 불충분한 사전조사는 문화재, 지하매설물에 의해 공사를 수행할 수 없는 경우를 유발시키기도 한다.

2) 법규변경으로 공사비의 변동

사업시행 중 소방법의 변경 및 단열기준 등의 변경은 내부 마감의 변화로 연결되어 면적 등의 증감을 발생 시킨다.

3) 공사조건의 변경

① 수준의 변경

발주처 및 자재 생산 중단으로 인한 마감수준의 변경 및 인테리어공사의 추가. 조경공사, 건물의 마감 및 외장의 수준 조정에 따른 변경

② 설계변경

마감 설계 및 구조 설계 변경에 따른 공사비 증감

③ 기준 및 공법 변경

습식공법의 건식공법으로의 변화 및 대안 시공에 따른 시공방법의 변경 등

4) 단가의 증감

자재비, 외주비, 인건비 증감에 따른 공사비 증감으로 현재는 대부분 물가변동으로 조정하고 있음

5) 자료의 오류

도면 및 시방서의 오류로 발생하는 공사비 증감

6) 사회적인 현상으로 공사비 변동

사회적인 현상은 최근 들어 가장 큰 원인중의 하나로 대두되었으며 각종 국가정책의 변화 및 고용조건의 강화 및 규제 등으로 공사비에 영향을 주는 것으로 2003년 말에 발생한 외국인 노동자의 대규모 잠적 등으로 발생한 건설 시장의 기능공의 감소, 인건비의 상승, 대체인력의 기능저하 등은 품질저하와 원가관리 측면에서 많은 문제를 발생하고 있다.

7) 견적오류

수량 산출시 수량 및 항목의 누락, 시방서에 대한 해석의 오류로 발생. 예산대비 공사비의 증감 원인은 여러 가지로 나타나는데 이러한

원인을 분석하여 표준화를 해두면 보다 더 효율적인 관리가 될 수 있다. 표준화에는 공사의 표준화, 규모(비용)의 표준화, 지역(수도권/수도권외 지역)의 표준화 등으로 구분을 할 필요성이 있다.

ABC에 의한 경영개선의 효과를 보면 무형의 절감효과와 유형의 절감효과로 나누어 볼 수 있다. 무형의 절감효과에는 장비의 과대보유, 주민의 민원을 사전에 차단시키는 것 혹은 환경오염 방지대책 등이 있다. 유형의 절감효과 부분은 어느 정도 측정 가능한 부분으로 하자 발생빈도, 반복적인 실수발생 등을 측정하여 절감효과를 예측 할 수 있다. 이를 정리하면 다음과 같이 할 수 있다.

〈표 5-20〉 경영개선 예상효과

구 분	무형의 절감효과	유형의 절감효과
시공 전 단계 평가	1. 설계상의 하자, 누락 등 검토 2. 장비 등의 과대, 누락 파악 등 3. 일조권, 조망권 등의 침해 파악	1. 지질조사 등도 불필요한 파일공사 등 파악 2. 발주처, 계약서 등 파악 3. 마감자재 등 파악
시공 진행 중 평가	공사규모, 기간, 시기 지역에 다른 표준이 제시 되어야 함.	1. 가스, 수도, 오수 등이 배관 설치(동시 진행) 2. 진입로 확보/청소 등 3. 준공전 확인으로 완료일자 준수 (공사대금 입금관련)
시공 후 (준공 후) 평가	1. 공사기간 단축여부 2. 하자보수 여부 3. 철저한 감독	1. 하자 발생빈도 2. 반복적인 실수발생 여부

경영개선 효과는 활동기준 원가계산에 의하여 비용절감 의식을 고취시키고 더 나아가 직접비를 줄이는 효과를 얻을 수도 있다.

2. 프로젝트별 공사비 분석

부동산건설 종류가 다양하게 있는데 각 프로젝트별 평당공사비가 어떻게 사용되고 있는지 활동기준원가 계산에 의거하여 그 사례를 파악해 보겠다. 먼저 본 사례는 H사의 현장관리에서 사용되는 장부를 근거로 작성하였기에 약간의 차이가 있을 수 있음을 밝혀둔다. 전통적인 원가계산 방법은 회계나 경리부서의 원가요소별 계산인 재료비, 노무비, 경비, 외주비 형태에서 탈피하여 프로젝트별 개별원가에서 발생되는 공통공사 종류를 분류하여 그 원가를 파악해 보았다. 부동산건설업의 경우 건물의 유형별로 평당공사비가 다르게 나타났다. 이것은 각 건물이 갖는 특징이 있어 차이가 있는데 업무용빌딩보다 교회건물의 평당공사비가 높게 나타나는 흥미로운 사실이 있었다. 이는 교회건물의 경우 벽화나 조각 등이 있어 건축공사비가 업무용빌딩보다 크게 나타났다. 현장비용이 아닌 일반관리비 등 추가적인 간접비가 큰 기업은 간접비를 구분하여 순수한 현장 직접비의 정보만 갖고 의사결정을 하는 경우도 있을 수 있다.

1) 업무용빌딩 공사비 분석

업무용빌딩의 경우 공사종류를 구분하여 몇 개의 사례를 수립하였다. 공사종류는 크게 11개의 범위로 구분하였다. 지역별로 약간의 범위가 다를 수 있어 공통범위를 정하여 금액을 산정하였다.

공사종류는 (1) 공통가설 (2) 토목공사 (3) 건축공사 (4) 설비공사 (5) 전기공사 (6) 승강기공사 (7) 조경공사 (8) 경상비 (9) 안전관리비 (10) 보험료 (11) 기타로 구분하였다. 기업체 혹은 지역에 따라서 공사종류는 상이한 경우가 많아 11개의 범위로 나누어서 우선금액을 나누었다.

예로서 승강기 공사를 전기공사에 포함한 경우도 있고 안전관리비를 보험료에 포함시키는 경우도 있었다. 또한 경상비는 공사현장에서 발생되는 일종의 관리비용으로 구분한 것이다. 평당비용이 갖는 의미는 아직까지 공사비를 공사종류별로 공시한 것이 없어 사전적으로 표준을 갖고 견적서를 작성하거나 타 기업과의 경쟁력 등을 판단할 수 있는 기초자료로 참고할 수 있다.

7개의 사례를 모아서 공사종류별 금액을 산출 비교해 보았다.

(1) 공통가설 비용 중 서초동에 위치한 빌딩이 가장 높게 나타났다. 이것은 주위 여론에 의해 그물안전망이나 도로안전을 위한 설치 등이 강화된 것으로 주변에 민원과 관계가 있는 것으로 추정된다.

(2) 토목공사와 건축공사는 지질이나 지반의 사전조사 등에 의해서 차이가 많이 났다. 처음 조사 때와 다른 변수가 나타나거나 예상치 못한 지질이 형성되어 있을 때 차이가 있었다.

(3) 설비공사의 경우는 기능이 어디까지 얼마나 드느냐에 따라 달리 나타났다.

(4) 전기공사와 승강기 공사의 경우드 건물에 기능과 인원 등을 고려하여 안전등이 공사비를 다르게 했다.

(5) 조경공사의 경우도 적은 경우와 가장 큰 경우가 약 5.7배 차이가 났다. 주변과의 조화 혹은 입주자이게 좋은 이미지를 주기 위해서 이런 차이가 나는 것으로 보인다.

(6) 보험료, 안전관리비 등 기타 간접비도 지역마다 종사하는 인원의 규모 등에 따라서 차이가 있었다.

　각 지역별 혹은 한 현장 내에서도 비용절감을 촉진하는 조직 내의 움직임이 있는 경우는 간접비 배분을 적게 받기 위해 배부기준에 관련된 내용을 통제하는 경우가 있었다.

업무용빌딩 공사비를 요약한 것이 <표 5-21>이다.

〈표 5-21〉 업무용빌딩 평당공사비 분석표 (금액)

(단위: 원)

	구 분	종로**빌딩	**사옥	부산**빌딩	을지로**빌딩	동교동**빌딩	서초**빌딩	**빌딩	평 균
평당공사비분석	1. 공통가설	145,376	179,786	123,605	230,395	136,500	265,200	185,650	180,930
	2. 토목공사	193,600	883,506	206,795	570,485	367,250	673,200	505,600	485,777
	3. 건축공사	1,735,008	2,012,350	1,601,555	1,495,615	1,517,425	2,099,670	1,730,100	1,741,675
	4. 설비공사	572,704	477,180	427,455	458,305	509,275	1,035,300	580,650	580,124
	5. 전기공사	308,704	538,876	163,430	221,165	255,125	492,150	184,465	309,131
	6. 승강기공사	127,424	152,794	47,200	89,815	63,375	59,160	47,005	83,825
	7. 조경공사	41,184	27,956	44,545	15,975	7,800	23,460	27,650	26,939
	8. 경상비	160,512	237,626	155,760	259,860	219,700	262,140	142,200	205,400
	9. 안전관리비	52,096	70,854	44,250	53,250	42,900	67,320	47,005	53,954
	10. 보험료	38,016	51,574	32,155	38,695	27,300	48,960	29,625	38,046
	11. 기타/간접	145,376	187,498	103,250	116,440	103,350	73,440	470,050	171,343
	평당공사비	3,520,000	4,820,000	2,950,000	3,550,000	3,250,000	5,100,000	3,950,000	3,877,143

　평균금액을 비율로 환산하여 보면 어느 공사 종류에서 많은 비중을 차지하는지 알기 쉽게 나타난다. <표 5-22>가 비율로 표시된 것이다.

〈표 5-22〉 업무용빌딩 평당공사비 분석표 (비율)

	구 분	종로**빌딩	**사옥	부산**빌딩	을지로**빌딩	동교동**빌딩	서초**빌딩	**빌딩	평 균
평당공사비분석	1. 공통가설	4.1%	3.7%	4.2%	6.5%	4.2%	5.2%	4.7%	4.7%
	2. 토목공사	5.5%	18.3%	7.0%	16.1%	11.3%	13.2%	12.8%	12.0%
	3. 건축공사	49.3%	41.8%	54.3%	42.1%	46.7%	41.2%	42.8%	45.6%
	4. 설비공사	16.3%	9.9%	14.5%	12.9%	15.7%	20.3%	14.7%	14.9%
	5. 전기공사	8.8%	11.2%	5.5%	6.2%	7.9%	9.7%	4.7%	7.7%
	6. 승강기공사	3.6%	3.2%	1.6%	2.5%	2.0%	1.2%	1.2%	2.2%
	7. 조경공사	1.2%	0.6%	1.5%	0.5%	0.2%	0.7%	0.7%	0.7%
	8. 경상비	4.6%	4.9%	5.3%	7.3%	6.8%	3.6%	3.6%	5.4%
	9. 안전관리비	1.5%	1.5%	1.5%	1.5%	1.3%	1.2%	1.2%	1.4%
	10. 보험료	1.1%	1.1%	1.1%	1.1%	0.8%	0.8%	0.8%	1.0%
	11. 기타/간접	4.1%	3.9%	3.5%	3.3%	3.2%	11.9%	11.9%	4.5%
	평당공사비	3,520,000	4,820,000	2,950,000	3,550,000	3,250,000	5,100,000	3,950,000	3,877,143

업무용빌딩의 공사비는 건축공사, 설비, 토목공사비가 전체공사비 72.5%를 차지하고 있다. 투입비율을 그림으로 표시한 것이 <그림 5-1>이다.

〈그림 5-1〉 업무용 빌딩 평당공사비 분석표

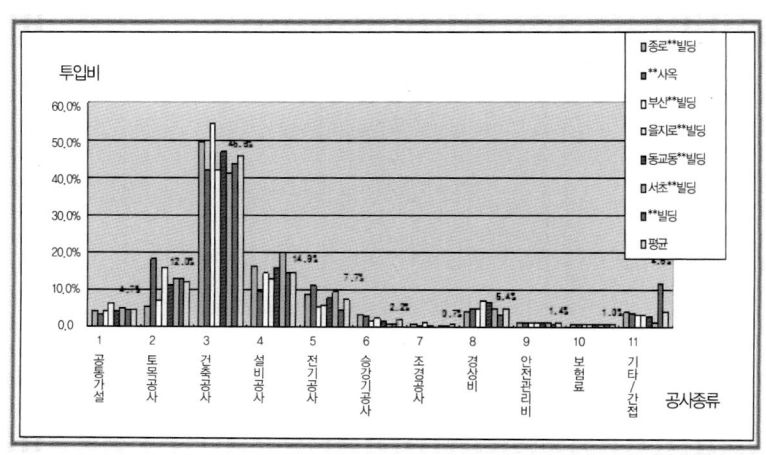

비율표에 의하면 기타 간접비용이 전체구성에 평균 4.5%를 차지하고 있었다. 간접비를 어떤 기준으로 배분하든 정확하지는 않다. 다만 의사결정에 많은 도움을 줄 수 있다. 예로써 간접비가 전체공사비의 약 11.9%를 차지하는 사업의 경우 그 공사를 직접 하든 안하든 간접비 발생이 거의 확실한 경우는 수주 견적에서 간접비를 제외시켜 견적비용이 경쟁우위를 접할 수도 있다. 한편 공사현장에서는 각 공정별로 예산대비 실행금액 절감에 약간의 보상이 이루어지는 곳에서는 직접비 절감 활동이 나타났다. 특히 건축공사와 관련한 부분에 대해서는 약간의 행동전환에 따라 해당 사업장뿐 아니라 기업전체에 적용함으로써 비용절감을 할 수 있는 활동이 있었다.

간접비를 정확히 배부하여 공사원가를 정확히 산정하려던 ABC 차원에서 직접비를 감소시켜 경영합리화로 이어지는 ABM의 초기 발전 모습을 볼 수 있었다. 직접비를 감소시켜 간접비 배부를 적게 하려는 움직임의 한 예를 살펴보았다.

〈활동사례 1〉 콘크리트 타설 시 분배기 및 회수기 사용 활동

(1) 핵심 활동-콘크리트 타설 시 분배기 및 회수기 사용
(2) 활동 개요

콘크리트 타설 시 펌프카 붐이 미치지 못하는 곳에서 포터블을 사용하게 된다. 이때, 해당층에 분배기를 설치하여 포터블 배관 사용으로 인한 철근훼손 및 유동에 따른 충격을 예방할 수 있다.

또한 타설 종료 시 배관 및 호피 등에 남아있는 레미콘 잔량을 회수기를 통해 회수하여 타설함으로써 레미콘을 절감할 수 있으며 현장 내 환경관리가 가능하다.

(3) 공사과정

① 콘크리트 타설용 옹벽, 수직 배관설치

② 해당 슬라브에서 수평배관 콘크리트 분배기 설치

③ 포터블 차량 호퍼와 수평배관 연결 시 콘크리트 회수기 설치

④ 콘크리트 분배기를 통해 레미콘 타설

⑤ 타설 종료 시 분배기 지상이동

⑥ 회수기의 남은 잔량 콘크리트 타설

(4) 성공요인

① 고층건물 타설 시 배관 및 호퍼 등에 남은 레미콘 잔량 발생 억제

② 분배기를 통해 타설함으로써 철근 배근의 훼손 등 사전 방지

③ 레미콘 잔량 처리(폐기물) 비용 발생요인 사전 제거

④ 현장 내 환경관리가 용이해짐

(5) 절감비용 측정

분배기와 회수기를 설치하지 않았을 경우에는 레미콘 자체에 남아있는 잔량이 매회 2m³가량이 있었다. 레미콘 m³당 원가가 5만 원을 가정하고 한 현장에서 500대의 레미콘 타설이 이루어진 경우 레미콘에 남은 잔량만큼은 폐기물 처리 비용을 부담해야 했다. 폐기물 처리비용은 1대당 2만 원 정도의 비용이 발생된다. 한편 분배기와 회수기를 통해서 처리할 경우 분배기와 회수기의 설치비용이 발생된다. 한 현장에 분배기와 회수기는 3대 정도가 필요했고, 이를 설치하는 비용은 1대당 850만 원, 회수기는 180만 원 가량의 비용이 발생하였다.

이를 요약하면 다음 <표 5-23>과 같이 정리할 수 있다.

〈표 5-23〉 절감비용 측정

구 분	콘크리트분배기	회 수 기	계	비 고
현장투입 (설치비용)	850만 원×3대= 2,550만 원	180만 원×3대=540만 원	3,090만 원	공사현장 (공구당)
기존방법	2m³×500회×5만 원(m³당 원가) (남은 잔량)		5,000만 원	레 미 콘
	2m³×500회×2만 원		2,000만 원	폐기물처리비용
절감비용	기존 방법 원가: 7,000만 원(기존 활동) 분배기, 회수기 설치: 3,090만 원(신규투입) 3,910만 원(절감가능)			※활동분석으로 가능하다.

새로운 활동으로 분배기 및 회수기를 사용하는 데 추가적으로 발생된 금액 3,090만 원과 기존의 방법으로(새로운 활동을 하지 않았을 경우) 활동할 때의 비용 7,000만 원과의 차이 3,910만 원을 절감할 수 있었다.

현장중심의 활동을 면밀히 분석하여 환경오염문제를 예방하면서 비용도 절약되는 사례이다. 이 사례에서 알 수 있듯이 레미콘을 500회 이하로 사용하게 되면 절감비용이 축소될 것이다. 따라서 표준을 설정할 때에는 공사종류도 중요하지만 규모별(현장단위) 표준도 설정해야 한다.

다음은 장마철이나 우기에 사전점검을 철저히 하지 않음으로써 추가비용이 발생된 사례도 있다.

<활동사례 2>에서 보는 것은 특정 활동이 안 됨으로써 추가비용이 발생되고 공사금액 증가로 간접비 배부도 늘어나는 사례이다.

〈활동사례 2〉 건축공사에 있어 기초공사시, 기초 콘크리트 배부름 현상파악

(1) 핵심 활동－기초콘크리트 배부름 현상을 일으킨 동인찾기

(2) 활동개요

　　① 구조물 기초공사 중 우천으로 인한 지반침하로 인하여 거푸집 유동이 나타나고, 콘크리트 타설 중 형틀 배부름으로 공사 후 재시공 및 폐기물 처리 문제 발생

　　② 우천 후 거푸집에 대한 충분한 검측 및 조립상태 등을 확인한다면 이러한 비용손실 및 재시공으로 인한 시간 소요는 없을 것임.

(3) 공사과정

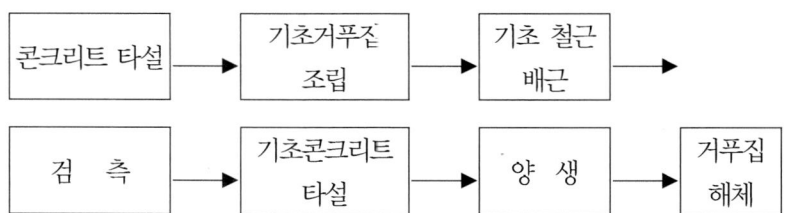

(4) 활동비용 분석(사례조사 현장의 비용을 기준으로 한 것임)

구 분	규 격	단 위	수 량	단 가	금 액	비 고
레미콘	25-240-15	M³	8	50,000	400,000	추가비용
거푸집 조립	Wood, 4회	M³	30	30,000	900,000	업체 부담
콘크리트 타설 공임	P/C타설	M³	8	10,000	80,000	
계					1,380,000	

사례현장에서의 추가비용은 작을 수 있지만, 기업 전체적으로 지속적인 예방이 된다면 사전예방 활동은 의미 있는 활동이다.

(5) 실패 활동이 나온 요인

우천 후 거푸집 유동에 대비한 공사 전 철저한 검측 활동 미이행으로 인하여 기초보완 시공이 이루어진 사항임

건축 활동에 있어서 하나하나의 행동과 그 동인을 파악함으로써 작은 비용이라도 절감할 수 있게 된다. 기업과 산업 전체에 미치는 영향은 클 것이라 생각된다.

〈활동사례 3〉 골조공사: 독립기초 부위 고제품(합판) 사용

(1) 핵심 활동-자재 재활용(중고합판)으로 비용절감
(2) 활동개요

독립기초 부위의 토사가 실트층으로 형성되어 정상적인 터파기시 콘

크리트 손실이 크게 발생이 여상되고 인건비 및 장비비 과투입이 우려되어 고재 매립폼 공법을 조용함.

　－비교 공법

① 스치로폴 매립－매립량 과다 및 실트 반출 발생

② Roth Form 적용－실트가 기초 내부로 유입 우려

(3) 공사과정

　① 스라브 장단 레벨로 터파기 시행

　② 독립기초 터파기

　③ 매립폼 시행(지지대는 철근 용접)

　④ 폼 주위 되메우기

　⑤ 버린 콘크리트 타설

(4) 비용분석

　① 형틀 비용: 추가비용 없음－기존형틀의 폼손료 및 인건비로 시공

　② 미적용 시 추가 예상 비용(사례 분석 현장 절감 금액)－콘크리트 타설 비용 233m^3(사용량)×57,000(단가)＝13,281,000 중고 합판을 사용한 예에서는 추가적인 비용부담은 거의 없고 만약 이런 활동을 하지 않음으로써 추가 비용이 발생되고 있는 상황이었다.

업무용 빌딩의 평당공사비의 경우, 건축공사비가 평균 45.6% 정도를 차지하는 것으로 조사되었다. 업무용빌딩 공사비를 예측하기 위해 필요한 기초자료로 이용될 수 있다.

업무용 빌딩 평당 공사비를 조사하면서 발견한 활동의 예를 보았다. 최근 5년 이내라는 것 외에 나타난 것이 없었지만 공사가 장마철에도 진행되었던 사례임을 알 수 있었다. 건축공사비의 비중이 커서 건축 활동 분석이 집

중적으로 이루어지고 있었다.

평당공사비가 갖는 의미는 사전적으로 표준을 세울 때 기준이나 참고자료가 될 수 있다. 표준을 설정할 때에는 공사시기와 기간, 지역에 따라 허용 오차범위를 조금씩 다르게 들 수 있다. 허용 오차범위를 반영하여 예산 대비 실적으로 부서별 보상방법도 찾을 수 있을 것이다. 현장경비 외에 본사 일반관리비 등 공통비가 추가적으로 배부된다면 현장비용은 간접비에 의거하여 배부액만큼 증가하게 된다. 수주금액 기준으로 목표원가가 설정된 상태라면 조직원은 간접비 배부에 굉장히 민감한 반응을 보이게 된다. 목표원가 달성에 너무 치우치면 재료바·직접비를 감소시키기 위해 기준에 미달되거나 표준 허용 품이 아닌 불량자재를 사용할 염려도 있다. 활동기준원가 관리는 재무적 측면도 중요하지만 종업원들의 행동변화도 함께 고려되어야 한다.

2) 오피스텔 평당 공사비 분석

오피스텔은 3개의 현장에서 사용되었던 사례를 수립하였다.

공사종류는 업무용빌딩 공사비 분석과 같이 11개의 범위로 구분하여 금액을 조사하였다. 건축공사비 비중이 제일 컸다.

〈표 5-24〉 오피스텔 평당공사비 분석표 (금액)

(단위: 원)

	공사명	역삼동**빌	일산**텔	일산**빌	평 균
평당공사비분석	1. 공통가설	124,266	156,000	147,500	142,288
	2. 토목공사	364,736	468,000	324,500	384,680
	3. 건축공사	1,299,928	967,200	1,593,000	1,295,640
	4. 설비공사	265,490	686,400	354,000	428,242
	5. 전기공사	196,546	312,000	236,000	246,522
	6. 승강기공사	46,982	187,200	59,000	95,285
	7. 조경공사	43,090	31,200	29,500	34,908
	8. 경상비	176,530	156,000	118,000	150,942
	9. 안전관리비	36,696	62,400	59,000	52,313
	10. 보험료	28,078	31,200	29,500	29,598
	11. 기타/간접	197,658	62,400	0	89,582
	평당공사비	2,780,000	3,120,000	2,950,000	2,950,000

오피스텔 공사의 평당 건축 공사비가 차지하는 비중은 평균 **43.9%**로 나타났다.(〈표 5-25〉)

〈표 5-25〉 오피스텔 평당공사비 분석표 (비율)

	공사명	역삼동**빌	일산**텔	일산**빌	평 균
평당공사비분석	1. 공통가설	4.5%	5.8%	5.0%	4.8%
	2. 토목공사	13.1%	15.0%	11.0%	13.0%
	3. 건축공사	46.8%	31.0%	54.0%	43.9%
	4. 설비공사	9.6%	22.0%	12.0%	14.5%
	5. 전기공사	7.1%	10.0%	8.0%	8.4%
	6. 승강기공사	1.7%	6.0%	2.0%	3.2%
	7. 조경공사	1.6%	1.0%	1.0%	1.2%
	8. 경상비	6.4%	5.0%	4.0%	5.1%
	9. 안전관리비	1.3%	2.0%	2.0%	1.8%
	10. 보험료	1.0%	1.0%	1.0%	1.0%
	11. 기타/간접	7.1%	2.0%	0.0%	3.0%
	평당공사비	2,780,000	3,120,000	2,950,000	2,950,000

〈그림 5-2〉 오피스텔 평당 공사비 분석표

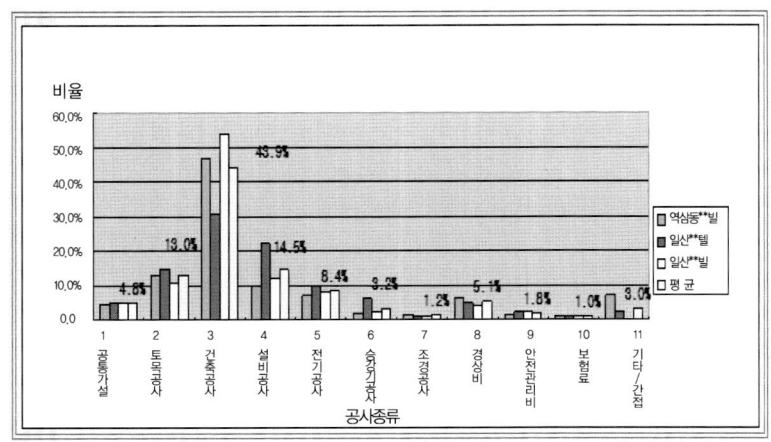

일산 현장에서는 건축공사비에 비해서 설비공사, 전기공사, 승강기 공사
비가 많이 투입된 것으로 나타나 시설적인 면을 중요시한 것으로 보인다.

건축공사 평당공사비가 평균 약 130만 원이다. 일산현장의 경우에 건축공
사비는 많이 들지 않았지만, 설비공사, 전기공사, 승강기공사비가 많이 투입
되어 평당공사비가 가장 비싼 경우다. 이처럼 특정한 공사에서는 공사비용
이 평균적으로 적게 들었지만 전체적으로는 높게 나타날 수도 있다.

3) 공장 평당공사비 분석표

각 지역별 공장신축비를 분석하였는데 여기서도 특정 공사의 특정 비
용이 낮게 나타나는 것을 볼 수 있다. 공장기능에 맞게 구조물을 강조
할 것인지, 시설물을 강조할 것인지에 따라서 공사신축비가 다소 다르
게 나타났다.

〈표 5-26〉 공장 평당 공사비 분석표 (금액)

(단위: 원)

구 분		부산**공장	인천**공장	일산**공장	성남**공장	광주**창고	평 균
평당공사비분석	1. 공통가설	111,444	118,366	90,000	157,500	93,150	118,249
	2. 토목공사	376,500	352,038	414,000	472,500	731,835	465,919
	3. 건축공사	1,400,831	1,448,968	1,170,000	976,500	2,489,535	1,492,195
	4. 설비공사	254,514	233,161	180,000	693,000	172,530	310,768
	5. 전기공사	70,029	96,683	157,500	315,000	102,870	151,611
	6. 승강기공사	0	0	0	189,000	0	34,826
	7. 조경공사	45,180	48,469	45,000	47,250	52,650	49,337
	8. 경상비	124,747	114,759	78,750	157,500	189,540	131,470
	9. 안전관리비	37,650	38,265	33,750	63,000	46,980	44,462
	10. 보험료	27,359	28,061	22,500	31,500	40,500	30,125
	11. 기타/간접	61,746	72,193	58,500	47,250	130,410	73,193
	평당공사비	2,510,000	2,551,000	2,250,000	3,150,000	4,050,000	2,902,000

공장의 평당 공사비는 개별공장의 특성에 따라 비용이 다르게 소요된 것을 볼 수 있으나, 공통적인 사항으로 건축공사에 절반 정도의 비용이 소요되는 것을 볼 수 있다.

<표 5-27> 공장 평당 공사비 분석표 (비율)

구 분		부산**공장	인천**공장	일산**공장	성남**공장	광주**창고	평 균
평당공사비분석	1. 공통가설	4.1%	4.6%	4.0%	5.0%	2.3%	4.1%
	2. 토목공사	15.0%	13.8%	18.4%	15.0%	18.1%	16.1%
	3. 건축공사	55.8%	56.8%	52.0%	31.0%	61.5%	51.4%
	4. 설비공사	10.1%	9.1%	8.0%	22.0%	4.3%	10.7%
	5. 전기공사	2.8%	3.8%	7.0%	10.0%	2.5%	5.2%
	6. 승강기공사	0.0%	0.0%	0.0%	6.0%	0.0%	1.2%
	7. 조경공사	1.8%	1.9%	2.0%	1.5%	1.3%	1.7%
	8. 경상비	5.0%	4.5%	3.5%	5.0%	4.7%	4.5%
	9. 안전관리비	1.5%	1.5%	1.5%	2.0%	1.2%	1.5%
	10. 보험료	1.1%	1.1%	1.0%	1.0%	1.0%	1.0%
	11. 기타/간접	2.5%	2.8%	2.6%	1.5%	3.2%	2.5%
	평당공사비	2,510,000	2,551,000	2,250,000	3,150,000	4,050,000	2,902,000

<그림 5-3> 공장 평당 공사비 분석표

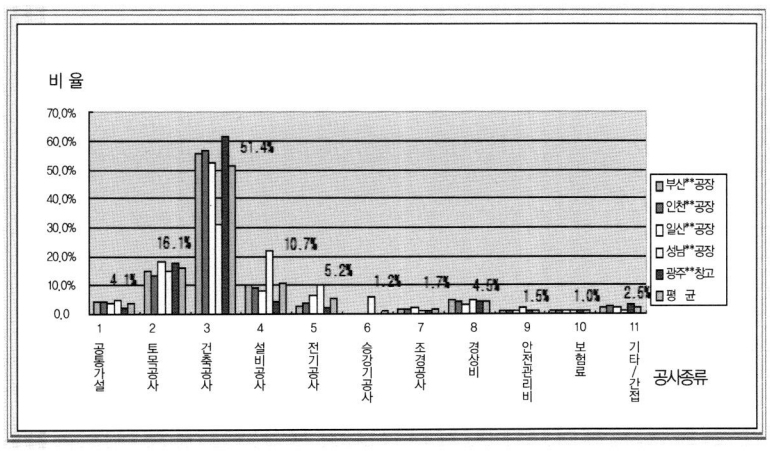

공장의 경우 평당공사비는 평균 약 290만 원으로, 건축공사가 평균 51.4%를 차지하고 있다. 평균치와 크게 차이 나는 부분을 보면 성남공장과

광주공장의 건축공사, 설비공사, 전기공사이다. 그 공장이 구조부분에 중점을 두었는지, 아니면 시설부분에 중점을 두었는지 알 수 있다. 일반적인 나머지 공종별 비용을 참고할 필요가 있다. 특히 창고의 경우 냉장시설 등을 포함하면 다른 건축공사보다 비용이 높게 된다. 공장, 병원 등을 특수한 시설로 사후 보수 공사 등도 고려하여 건축이 되어야 한다. 공장관련 원가절감사례를 찾아보았다. 여기서는 사후관리에도 신경을 쓰고 있는 모습이 보였다.

활동사례는 공장, 병원 등에서 리모델링 공사를 하면서 파악된 활동사례이다. 리모델링 공사시 배선, 배관 공사 LINE 구분이다.

(1) 핵심 활동 – 의료가스, 위생배관, S/P배관 등 표찰 표시 활동
(2) 활동개요

기존배선(배관) 작업 시 특별한 구분 없이 작업을 시행하여 사후 유지 보수 작업 시 구분이 힘들어 작업이 곤란하고, 효율성이 떨어져 명찰 또는 야광테이프 등을 이용하여 사후 유지 보수 관리 시 작업의 난점 및 위험성을 방지하는 활동이다.

① 장점 – 사후 유지 보수 관리용이, 작업용이, 사고위험 방지
② 단점 – 비용이 경미하게 발생

(비용이 발생되는 것보다 사후에 사고 방지 등을 위해 필요한 활동임)
(3) 비용분석

–140원(직접 명찰 비용 상승) – 저렴한 비용으로 나타남.
(4) 활동결과

사후 유지 보수 관리 시 준공도면과 시공 line 위치가 명확히 구분됨으로 인해 유지 보수 관리차원에서 작업의 난이성 및 위험을 방지함

으로써 무형의 비용 절감 효과가 있음.

4) 백화점 및 문화시설 평당 공사비 분석

3개의 사례를 모아서 분석하였다. 백화점 및 문화시설 평당 공사비를 분석해 보면 다음과 같이 나타났다.

〈표 5-28〉 백화점 및 문화시설 평당 공사비 분석표 (금액)

(단위: 원)

	공사명	**복지회관	**백화점	**프라자	평 균
평당공사비분석	1. 공통가설	125,125	78,642	157,500	120,944
	2. 토목공사	458,150	349,146	472,500	428,221
	3. 건축공사	2,223,375	1,641,078	976,500	1,591,492
	4. 설비공사	351,505	499,392	693,000	530,386
	5. 전기공사	350,350	247,860	315,000	304,036
	6. 승강기공사	15,400	0	189,000	71,538
	7. 조경공사	38,500	24,480	31,500	31,298
	8. 경상비	141,295	132,804	157,500	145,423
	9. 안전관리비	53,900	29,988	47,250	43,370
	10. 보험료	42,350	24,480	34,335	33,422
	11. 기타/간접	50,050	32,130	75,915	53,206
	평당공사비	3,850,000	3,060,000	3,150,000	3,353,333

〈표 5-29〉 백화점 및 문화시설 평당 공사비 분석표 (비율)

	공사명	**복지회관	**백화점	**프라자	평 균
평당공사비분석	1. 공통가설	3.3%	2.6%	5.0%	3.6%
	2. 토목공사	11.9%	11.4%	15.5%	12.8%
	3. 건축공사	57.8%	53.6%	31.0%	47.5%
	4. 설비공사	9.1%	16.3%	22.0%	15.8%
	5. 전기공사	9.1%	8.1%	10.0%	9.1%
	6. 승강기공사	0.4%	0.0%	6.0%	2.1%
	7. 조경공사	1.0%	0.8%	1.0%	0.9%
	8. 경상비	3.7%	4.3%	5.0%	4.3%
	9. 안전관리비	1.4%	1.0%	1.5%	1.3%
	10. 보험료	1.1%	0.8%	1.1%	1.0%
	11. 기타/간접	1.4%	1.1%	2.4%	1.6%
	평당공사비	3,850,000	3,060,000	3,150,000	3,353,333

〈그림 5-4〉 백화점 및 문화시설 평당 공사비 분석표

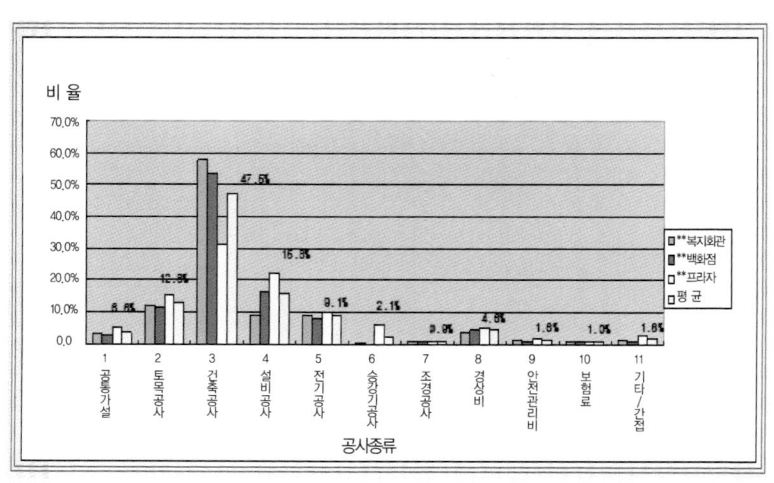

백화점 및 문화 시설의 평당 공사비 비율은 개별 부동산 제품의 특성에 따라 조금씩 차이가 발생하는 것을 살필 수 있으며, 대상제품의 특성에 따라 건축공사비의 경우 최고 57.8%에서 최저 31%로 26.8%의 차이가 나타나기도 했다.

백화점 및 문화시설은 다른 용도의 건물과는 달리 많은 소비자를 이끌어들여 마케팅이 강조되는 산업이라 할 수 있다. 소비자를 이끌 수 있는 시설이나 장치 등이 요구된다.

5) 아파트 마감공사 평형별 공종별 분석

아파트공사의 경우도 평형별로 공사원가가 다르게 조사되었다.

여기서는 3개의 평형을 사례로 분석하였다.

〈표 5-30〉 아파트 마감공사 평형별 공종별 분석

평당금액	32평형	48평형	60평형	비 고
조적공사	6.43%	7.35%	7.62%	
미장공사	18.64%	14.96%	17.10%	
방수공사	3.71%	3.11%	3.64%	
타일공사	10.31%	8.91%	9.94%	
목공사	10.26%	9.66%	9.44%	
단열공사	0.80%	0.99%	1.37%	
창호공사	23.83%	21.26%	18.59%	
유리공사	5.54%	4.88%	4.22%	
수장공사	7.05%	17.98%	19.91%	
도장공사	4.30%	3.60%	4.06%	
잡공사	9.13%	7.30%	4.11%	
합 계	100.00%	100.00%	100.00%	

〈그림 5-5〉 아파트 마감공사 평형별 공종별 분석

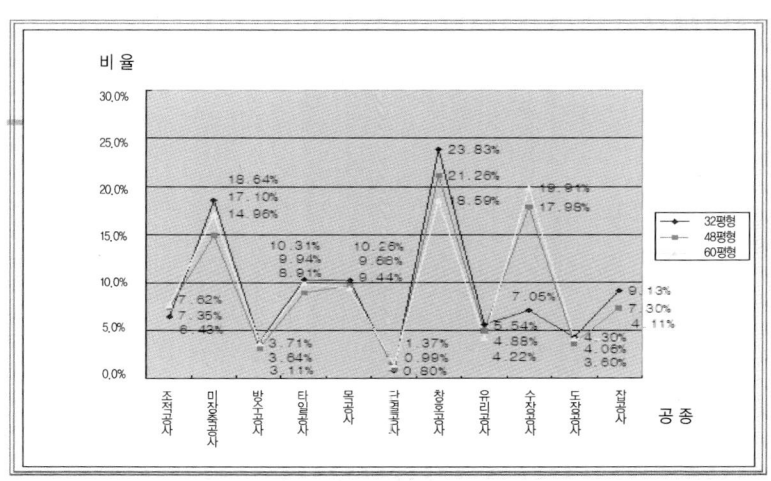

<표 5-30>, <그림 5-5>를 살펴보면 아파트 평형의 특성에 따라 마감공사 공종별 비율은 차이가 나는 것을 살펴볼 수 있다. 수장공사의 경우는 32평형 아파트의 경우에는 60평형 아파트에 비하여 12.86%의 차이가 나는 것이 조사되었다. 평형이 큰 아파트에서는 외부치장을 위해 더 많은 비용이 발생되는 것을 볼 수 있다. 치장을 위한 것은 기능과는 무관한 것으로 기능상에 하자가 단지 외관상의 비용으로 절감이 가능한 부분으로 보인다. 이런 부분은 소비자 입장에서는 낭비적인 부분일 수 있다. 개인적인 취미나 취향이 다르면 다시 공사를 해야 하는 사례도 있을 수 있기 때문이다.

아파트와 관련된 공사 중 골조공사 활동을 잘못하여 추가비용이 발생된 사례도 있다.

〈활동사례 1〉 골조공사: 주현관 캐노피 시공성 검토 및
계획미비로 추가비용 발생

(1) 핵심 활동-사전계획 미비

(2) 활동개요

　① APT에서 주현관이 별도로 독립되어 나오지 않고 외부갱폼과 일
　　 체로 되어진 구조가 다수 발생 일체화하여 타설하기 힘들더라도
　　 콘크리트 타설 시 Dowel Bar는 시공이 이루어짐

　② 그렇지 못할 경우 추가로 시공이 이루어짐
　　 그 비용이 비록 적더라도 사전에 보강 또는 다른 해법을 찾아야
　　 했으나 그렇지 못해 추가 공사비가 투입된 경우

(3) 공사과정

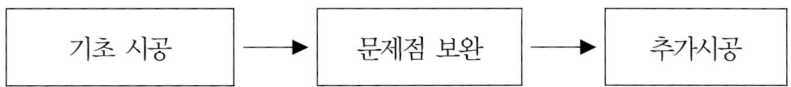

(4) 실패요인

　① 사전 계획 미흡

　② 타공법 검토 미흡

(5) 비용분석: 철근 후 시공으로 인한 발생비용(MILTI 제품 사용예시)

구 분	해당부위	단 가	투입예상비용
자재비	400(본)/20=20개	4,000	80,000
인건비	(200(본)/1일)×2명	70,000	140,000
소 계			220,000

사전계획 활동이 미비 됨으로 추가적인 비용이 발생되는 사례이다.

〈활동사례 2〉 창호공사 - 포켓도어 개폐불량

(1) 핵심 활동-공사 전 철저한 확인

(2) 활동개요

　　① 안방과 드레스실 사이 포켓도어 시공 시 상부의 행거레일 고정나
　　　사 못 돌출로 인한 도어 개계 불량 현상 발생으로 재시공

　　② 원인

　　　행거레일 5mm 정도의 나사 고정용 hole이 있으나 작업자들이
　　　Hole을 무시하고 임의로 나사못을 고정하고 포켓도어를 설치하여
　　　문짝개폐 검사 시 걸림 현상이 발견됨.

(3) 공사과정

　　① 포켓도어 가틀 설치

　　② AL Frame 설치

　　③ 천정 마감

　　④ 행거레일 설치 및 고정

　　⑤ 현 면막기

　　⑥ 문짝 달기

　　⑦ 다른 한 면 막기

(4) 비용 분석

항 목	구 분	추가 투입			비 고
		수 량	단 가	금 액	
포켓도어	목 공	30	90,000	2,700,000	
	조 공	30	70,000	2,100,000	
소 계				4,800,000	

(5) 예방 활동

　　포켓도어 공사 시 행거레일 고정 Hole 및 고정상태 사전 확인 철저

〈활동사례 3〉 조적공사 시 - 잡공사 비용 절감 활동

(1) 핵심 활동 - 자재구입 선택 시 확인

(2) 활동개요

　　조적공사 시 배관에 의한 조적벽의 강성 저하 및 벽돌의 불필요한 손실을 방지하기 위해 배관 부위에 대한 홈벽돌 사용으로 벽체의 강성유지로 추후 발생되는 균열을 예방하고 벽돌 잔재에 의한 환경오염 문제를 줄일 수 있는 활동임

(3) 공사과정

　　① 배관 위치 시공도 작성으로 홈벽돌 시공위치 결정

　　② 조적벽 시공(홈벽돌 동시 시공)

　　③ 마무리 작업

(4) 활동의 성공적 요인

　　① 사전 검토에 의한 시공성 향상

② 조적 벽체의 내구성 향상

③ 현장 환경관리 용이

(5) 비용 절감 분석

환경오염, 청소비 등의 무형의 비용이 절감됨.

6) 건물종류별 평당공사비 분석표

개별건물의 평균적인 금액과 비율로 업무용빌딩, 오피스텔, 공장 백화점 및 문화센타, 주상복합건물, 교회병원, 스포츠센타의 평당 공사원가를 조사하였다. 건물종류별 사례 건수는 다음과 같이 조사하였다.

〈건물종류별 사례 건수〉

구 분	조사건 수 (개)
업무용빌딩	7
오 피 스 텔	3
공 장	5
백 화 점	1
문 화 센 타	2
주 상 복 합	1
교 회	1
병 원	1
스포츠센타	1
계	22

건물종류별 원가를 분석하기 위해서는 사례 모집건 수가 많아야 하는데 현실적인 어려움으로 복수의 사례가 있는 것만 분석을 하였다.

백화점 및 문화센타는 같이 묶어서 분석을 하였다. 주상복합건물, 교회,

병원, 스포츠센타는 그 사례를 모을 수가 없어서 개별분석은 하지 않고 총 괄표에만 표시하였다.

각 공사는 프로젝트별 공사시기, 지역별 공사기간에 따라 약간의 차이는 있을 수 있지만 사전적으로 표준을 설정하고 해당 사업별로 허용범위 수준 등의 기준 설정 시 유용한 정보가 될 것이다.

<표 5-31>과 같이 건물종류별 평당 공사비가 조사되었다.

〈표 5-31〉 건물종류별 평당 공사비 분석표 (금액)

	구 분	업무용 빌딩	오피스텔	공 장	백화점/ 문화	주상복합	교 회	병 원	스포츠 센터
조사건수		7	3	5	3	1	1	1	1
평당공사비분석	1. 공통가설	182,266	140,600	118,982	120,720	196,980	142,975	145,600	152,000
	2. 토목공사	465,257	383,500	467,222	429,227	381,900	513,745	373,800	712,500
	3. 건축공사	1,767,977	1,295,050	1,491,628	1,592,833	1,641,835	2,373,100	1,601,600	1,529,120
	4. 설비공사	577,694	427,750	310,514	529,827	434,160	540,550	676,900	726,180
	5. 전기공사	298,540	247,800	150,904	305,153	235,505	447,450	272,650	221,920
	6. 승강기공사	85,297	94,400	34,824	70,420	62,310	65,075	52,500	44,080
	7. 조경공사	27,140	35,400	49,334	30,180	158,455	47,500	35,000	17,860
	8. 경상비	209,366	150,450	130,590	144,193	50,250	165,300	202,300	269,800
	9. 안전관리비	54,280	53,100	43,530	43,593	36,850	66,025	52,500	53,200
	10. 보험료	38,771	29,500	29,020	33,533	28,140	43,700	38,500	41,800
	11. 기타/간접	174,471	88,500	101,570	53,653	123,615	344,850	48,650	135,389
	공종별 합계	3,877,143	2,950,000	2,902,000	3,353,333	3,350,000	4,750,000	3,500,000	3,800,000

주) 국내 중견 A기업의 내부 자료를 이용 작성

평당공사금액을 비율로 환산하여 표시해 보면 <표 5-32>와 같다

〈표 5-32〉 건물종류별 평당 공사비 분석표(비율)

구 분		업무용 빌딩	오피스텔	공 장	백화점/ 문화	주상복합	교 회	병 원	스포츠 센터
평 당 공 사 비 분 석	1. 공통가설	4.7%	4.8%	4.1%	3.6%	5.9%	3.0%	4.2%	4.0%
	2. 토목공사	12.0%	13.0%	16.1%	12.8%	11.4%	10.8%	10.7%	18.8%
	3. 건축공사	45.6%	43.9%	51.4%	47.5%	49.0%	50.0%	45.8%	40.2%
	4. 설비공사	14.9%	14.5%	10.7%	15.8%	13.0%	11.4%	19.3%	19.1%
	5. 전기공사	7.7%	8.4%	5.2%	9.1%	7.0%	9.4%	7.8%	5.8%
	6. 승강기공사	2.2%	3.2%	1.2%	2.1%	1.9%	1.4%	1.5%	1.2%
	7. 조경공사	0.7%	1.2%	1.7%	0.9%	4.7%	1.0%	1.0%	0.5%
	8. 경상비	5.4%	5.1%	4.5%	4.3%	1.5%	3.5%	5.8%	7.1%
	9. 안전관리비	1.4%	1.8%	1.5%	1.3%	1.1%	1.4%	1.5%	1.4%
	10. 보험료	1.0%	1.0%	1.0%	1.0%	0.8%	0.9%	1.1%	1.1%
	11. 기타/간접	4.5	3.0%	3.5%	1.6%	3.7%	7.3%	1.4%	3.6%
	공종별 합계	3,877,143	2,950,000	2,902,000	3,353,333	3,350,000	4,750,000	3,500,000	3,800,000

건물종류별 평당공사비 내역을 그림으로 표시하면 〈그림 5-6〉과 같이 나타낼 수 있다.

〈그림 5-6〉 건물종류별 공종별 평당공사비

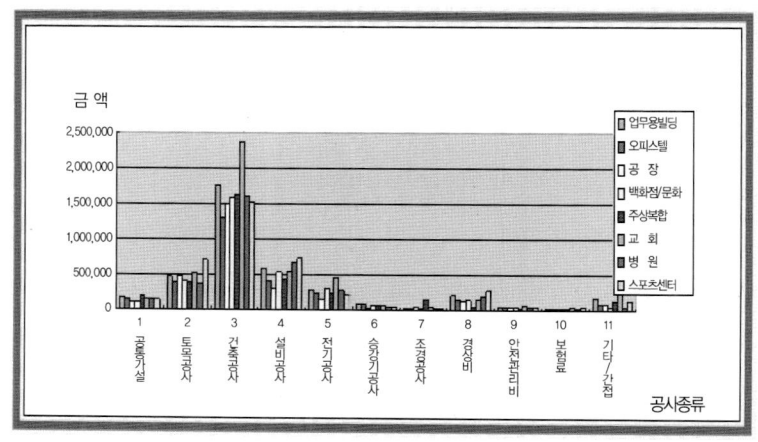

　외부 재무보고 목적의 원가계산에서 활동별원가관리방식은 여러 가지 차이가 있었다. 활동별원가관리방식은 각 공정별로 얼마의 비용이 쓰이고 있는지 소비자들도 쉽게 알아볼 수 있을 정도로 가시적이고 명확하게 나타났다. 또한 원가절감효과를 위해서 어떤 공정이 중요하고 비용이 많이 발생하는지도 쉽게 확인할 수 있는 장점이 있다. 우선, 공종별 공사비는 건축공사비가 가장 높게 나왔다. 그리고 건물종류별 평당공사비는 교회, 업무용 빌딩, 스포츠 센터 등의 순으로 나타났다. 업무용 빌딩과 교회의 경우는 건축공사 비용이 많이 들었고, 오피스텔의 경우 승강기공사, 공장의 경우는 토목 및 조경 공사, 백화점/문화시설의 경우 전기공사, 주상복합의 경우 공통가설공사, 병원의 경우 설비공사 및 경상비의 평당 소요가 다른 건물보다 높게 나타났다.

　현재 분석대상은 공사종류별 단위를 크게 11개의 대분류를 사용하였으나 다른 L기업의 경우는 ① 공통가설공사 ② 토목공사 ③ 건축공사 ④ 전기공사 ⑤ 설비공사 ⑥ 간접비 등으로 하여 6개의 대분류를 사용하고 있었다.

　기업마다 분류하는 범위가 다소 차이가 있었으며 중분류단계에서 중복되는 공사는 회사사정에 따라 소공종을 달리 구분하고 있었다. 예를 들어 승강기 공사의 경우 별도로 공사 종류를 두지 않고 전기 공사에 포함하여 관리하는 형태 등이다. 또 한 예는 마감공사 중에서 인테리어를 특성별로 구분하여 별도로 발주하고 고급화시켜 마케팅에 이용하는 사례도 발견되었다.

　<표 5-19>에서 나타났듯이 건물종류는 달라도 건축공사비가 금액적으로 가장 많이 사용되었다. 따라서 본 사례 연구에서는 공사 종류별 원가 계산 시 기준 또는 참고용으로 될 수 있는지 살펴보았다. 건축공사비의 비중을 분석하면서 간접비 부담을 줄이기 위한 노력으로 각 단계별 활동을 분석하고 직접비를 절약하거나 활동의 변화를 줌으로써 원가가 절감되는 활동을 찾고자 한다.

제3절 사례분석의 유용성 및 한계점

1. 유용성

공사종류를 구분하여 공통비 및 간접경비의 배부를 보다 합리적으로 할 수 있는 방법을 찾게 된다. 또한 무조건 외부에 외주 처리하는 것보다 경쟁력 있는 부분은 자체공사를 하도록 정보제공도 가능하다.

ABC 사례를 통해 몇 가지 유용성을 정리하면 다음과 같다.

1) 원가요소별 집계방법에서 활동기준 원가계산을 함으로써 공사단계별 활동을 알 수 있도록 사전에 계획이 가능하다.
2) 실행예산을 통해 사후관리를 할 때에는 정확한 활동이 제시되어 있어 구성원이 무엇을 수행해야하는지 명확히 전달 될 수 있다.
3) 제한된 자원으로 활동을 결정하기 때문에 회계 투명성도 확보할 수 있다. 불필요한 지출이나 낭비적 활동은 책임회계 제도에서 모두 배제 시킬 수 있다.
4) ABC를 이행하면 직접원가와 직접재료비 등을 감소시키면서 효율적인 업무수행방법을 찾아 ABM으로 발전 할 수 있다. 이제 ABC는 공통비 배부의 문제가 아니라 ABM으로 발전하여 경영혁신의 한 방법으로 인식할 수 있다.
5) 견적서 제출 시 절약 가능한 모든 요소를 찾아 수주하고 그대로 실행함으로써 생존경영에 한 방법으로 사용할 수 있다.
   (단기 손익분기점 이상으로 수주할 수 있는 정보제공)

6) 회계를 전문적으로 하지 않는 외부인도 기업이 어떤 활동으로 가치를 창출하는지 알 수 있다.

ABC는 여러 가지 유용성이 있어 경영혁신의 한 방법으로 도입하여 기업가치를 높일 수 있다. 한편 이를 실행하기 위해서는 적절한 보상체계가 있어야 반감이 줄어든다. 그렇지 않으면 종업원들에게 활동에 대해서 개선의지를 적극적으로 유인할 수 있는 힘이 희박하다.

2. 한계점

ABC는 여러 가지 유용한 점이 있지만 아직까지 여러 가지 활동을 어떻게 활동의 동인을 찾고 적용해야 할지가 의문이다. 부동산건설업에 있어 원가구조가 변화하고 있고, 경영개선이 필요한 부분이라면 혁신적인 방법으로 비능률과 낭비를 제거해 볼 필요가 있다.

그런데 사례분석 시 비능률 활동과 낭비 활동을 찾는 것이 쉽지 않았다. 그리고 외장재나 장식품 등도 기능과는 무관한 것으로 생각되어 제거 가능하리라 생각했는데 판매를 위해서 일률적으로 제거할 수 없는 상황이었다. 간접비 계산에 있어서도 일반관리비와 경비가 현장 단위별로 배부되고 다시 현장에서 각 공종별로 배부되어야 하는데 현장에서는 일반관리비와 경비의 내역을 정확히 모르는 경우도 있었다.

공사금액이 큰 현장은 간접비를 비율로 통제할 것인지 금액으로 통제할 것인지도 상당히 혼란을 주는 부분이다. 간접비 금액 결정과 내부의 방법이 공종별로 배부될 때 명확한 활동을 제시하지 못하고 재료바인건비 사용금액 등 금액기준으로 배부를 한 것도 본 사례가 갖는 한계점이다.

ABC가 부동산건설업에서 도입되기까지는 많은 연구가 있어야 하겠지만 목표원가를 달성하고 표준 재료비를 사용하는 등 사전적인 기준을 제시할 때 공사종류와 평당금액 등을 예시해 줌으로써 부동산건설업에서도 내부관리 중심의 회계정보 관리시스템이 필요함을 인식시켜 주었을 것이라 생각한다. 이러한 한계점이 있지만 ABC는 인간행동을 변화시킬 수 있는 계기가 될 수 있다.

ABC나 확장된 ABC는 결국 인간의 행동이 변해야 함으로 이를 실행하기 위해서는 종업원들과 충분한 검토와 의견 교환이 있어야 한다.

ABC나 확장된 ABC의 기본취지를 잘못 생각하는 누군가가 있다면 인간활동 변화를 일으키는 데 상당한 어려움이 따른다. 결국 ABC의 한계점은 어떻게 활동을 찾고 적용하여 이행할 것이냐는 것이다. 그러나 혁신을 위해서는 반드시 활동의 변화가 뒤따라야 한다.

제6장 결론 및 한계점

제1절 연구요약

최근 2~3년간 부동산 주택경기가 활성화되어 많은 부동산개발업 및 건설업체 수가 증가하였다. 1999년에는 4,164개였던 건설업체 수가 2002년 말에는 10,111개사로 5,947개 회사가 증가하였다. 이렇게 많은 건설업 가운데 5억 원 이상의 당기순이익을 실현하는 회사는 불과 7.7%에 지나지 않았다. 나머지 92.3%는 당기순이익 5억 원 이하(적자포함)를 실현하고 있었다. 부동산건설업이 경제개발정책과 함께 외형적인 성장은 지속적으로 해온 것 같은데 당기순이익을 많이 내지 못하는 것에 착안하여 그러한 원인을 찾아보고자 했다. 이러한 현상은 외부적 요인과 내부적 요인이 있겠지만 적어도 기업이 통제 가능한 경영관리에 어떤 문제가 있지 않을까 하는 의구심을 갖게 했다.

과거 10여 년간의 매출 원가율은 그다지 변화가 크지 않았다. 그런데 매출원가를 구성하는 공사원가 구성비는 변화가 있었다. 재료비, 노무비, 외주비, 경비항목의 구성비가 변하였다. 재료비, 노무비는 점차 감소하고 외주가 공비는 증가하는 추세를 보이고 있었다. IMF 이후 기업이 구조조정이라는 명목으로 인건비를 줄이고 많은 일을 외부에 맡기고 있는 것으로 추정된다. 기업구조조정은 필연적이기는 했지만 기업내부인력이 가지고 있어야 할 기초적인 기술수준도 모두 외부에 의존하게 만들 수도 있다.

IMF 시기에 자기자본 비율이 특히 낮았던 건설업은 다른 어떤 산업보다 그 시련이 컸었다. 1998년 건설업 부도율이 12.4%까지 증가했고, 부채탕감 면제 등을 겪으면서 구조조정을 경험했기에 다시 반복되는 일이 없도록 하기 위해 경영개선 방법을 찾고자 시도한 것이다.

광범위한 부동산서비스업 가운데, 부동산개발업과 건설업(부동산건설업)을 중심으로 분석했다. 부동산건설업은 타산업과 비교해서 여러 가지 많은 차이가 있었는데, 자기 자본비율이 낮고 토지의존도가 큰 산업이라고 하는 것이 큰 특징으로 지적되었다. 자기자본비율이 낮아 기업이 지속적으로 유지, 존속할 수 있는 생존방법을 찾기 위해 여러 가지 경영혁신 방법과 재무 구조의 특징을 먼저 살펴보았다. 자기자본비율이 낮아 현금유동성이 조금만 나빠지면 기업이 파산, 부도 등에 직면하게 되는데 이러한 것을 예방하기 위해 경영혁신 방법을 찾게 된 것이다. 기업 간의 합병, 기업 내의 사업철수, 이관 등을 통하여 구조조정 방법을 찾아보았다. 부동산건설업은 기업 외부 환경 의존도가 높아 생존경영에 항상 관심을 갖고 있어야 한다. 2002년 말 현재 자기자본 비율이 34.4%로 증가하고 부채비율이 200% 이하에 달하였지만, 부채구조가 변화하고 있었다. 부채는 상환 일정이 있어 언제나 자금 운영 시 지속적 관심이 있어야 한다. 기업이 지속적으로 생존하기 위해서는 현금유동성을 확보하여 차입금 상환 등에 대비해야 한다.

기업을 새로 창출하는 것보다 유지, 발전시키기가 어렵다는 사실을 깨닫고 생존경영에 관심을 갖게 되었다. 기업은 성장과 이윤추구 그리고 영속성의 3가지 중요한 속성을 갖고 있는데 성장 위주의 경영 전략에서 질적 변화를 추구해야 한다. 결국 생존경영이란 기업이 유기체로써 살아 존재하는 것뿐만 아니라 새로운 가치를 창출하면서 생존과 성장을 동시에 실현하는 것을 의미한다. 경영혁신은 기업이 위기의식을 갖고 그동안의 관리방법을 크게 변화시켜 기업가치 증대에 기여토록 하는 것이다. 부동산건설업에 있어 생존경영을 위해서는 경영혁신이 필요하다고 생각했다. 수주금액(판매금액)이 먼저 확정되고 기업내부에서 통제 가능한 변수가 비용(원가)이기 때문이다. 확정된 수주금액에서 실행예산 원가를 철저히 관리하여 최소한의 원가로 적절한 제품을 제공하는 것이다.

기존의 원가절감 형태는 재료비, 노무비, 외주비, 기타경비 위주로 관리되어 정확히 절감된 부분을 확인하기가 어려웠다. Activity에 의한 관리는 기본기능과 고객의 요구기능을 고려하여 시간(일정)과 Activity를 고려한 원가관리로 원가절감의 대상을 보다 확실한 활동으로 찾을 수 있다.

매출원가 구성추이를 보면 재료비, 노무비는 점차 감소하고 외주비용과 현장경비가 급격히 증가하는 것을 볼 수 있다.

공종별, 발주업체별, 도급공사순위별 등 여러 측면에서 공통된 현상을 발견하였다. 한 가지 흥미로운 사실은 정부기관 및 지방자치단체·정부투자기관의 발주공사는 평균보다 재료비의 비중이 낮고 현장경비의 비중은 높게 나타났으며, 민간부문은 전체 공사보다 재료비 비중이 높고 노무비와 외주비, 현장경비 비중이 낮게 나타났다.

정부관련 발주공사는 주로 발주처에서 직접 원재료를 구입, 공급하기 때문에 정부 조달청 가격으로 대량구입이 가능하여 재료비가 낮게 표시되었다. 그러나 신재료의 사용이나 신기술 적용은 계약금액을 변동시켜 적용하기가 곤란하다.

원가요소별 외부재무보고 중심에서 내부관리 중심인 활동중심으로 관리 관점을 바꾸었다. 재료비, 노무비, 외주경비 등의 원가요소별 관리에서 기초공사, 토목공사, 건축공사, 기계설비, 전기공사, 조경공사 등 실질적인 Activity에 의한 동인을 찾는다. 지금까지는 외부 회계정보 기준에 맞추어

관리가 되어왔는데 회계기준이나 외부영향에 의해서 내부의 실질적인 관리가 소홀하여 합리적인 의사결정을 하는 데 정보가 부족하였다. 산업 전체의 외주비가 증가하더라도 무조건 외주 처리할 것이 아니라 개별 기업 입장에서 경쟁력 있는 공사종류와 수주금액을 찾아야 할 것이다.

먼저 ABC가 등장한 배경은 제조업에서 제조간접비를 정확히 배부하기 위해 사용하던 개념을 건설업에서는 공사종류별로 정확한 원가계산을 위해 개념을 도입한다. ABC와 확장된 ABC의 개념은 활동단위별로 정확한 원가계산을 하고 단순히 원가통제의 목적이 아니라 경영혁신 차원에서 부가가치가 높은 활동만 유지하도록 하는 것이다. 전통적인 원가관리는 재료비, 노무비, 기타경비, 외주비의 형태로 관리하던 것을 이제는 기초공사, 토목공사비, 건축비 등 활동에 의한 원가관리로 전환하여 관리하자는 제안이다. 활동과 활동요인을 찾아 책임회계 제도를 정착시키려는 것이다. 실제 사례분석을 통해 ABC가 어떻게 원가절감에 도움이 되었는가를 살펴보았다. 분석절차는 다음과 같은 절차로 진행하였다.

1) 우선 건설업체의 자금사정 악화와 손실발생 원인을 재무적 측면에서 살펴보려고 했다.
   - 조사자료에 의하면 잔여공사 물량의 축소와 공사수주 물량 부족(46.1%), 저가 공사수주로 수익성 악화(18.8%)로 나타났다.
2) 기업내부적으로 통제 가능한 저가수주의 문제가 어떻게 나타나는지 그 활동을 찾아보았다.
   - 경영관리 부서와 영업수주 담당 부서의 관리목표가 서로 상이함
   - 경영관리 부서는 외부 재무보고 목적에 관심이 컸고 수주를 담당하는 부서는 저가수주를 해서라도 영업실적을 올리고 시장점유율을

높이려는 데 관심이 컸다.

3) 경영관리 부서와 수주담당 부서의 관리방법을 동일한 관점에서 하도
  록 할 필요성 인식함

4) 간접비 배부 등을 총금액 기준으로 배부하는 것에는 서로 이견이 발
  생하여 어떤 활동이 간접비를 발생시켰는가를 찾게 되었다.

  - 활동이 자원을 소비하고 원가를 발생시켜 간접비를 발생시키는 활
    동에 배부토록 함(완벽한 배부는 아님)

  - 활동에 변화가 일어나고 업두를 개선하여 간접비 배부금액을 줄이
    기 위한 활동이 나타남

5) 원가통제가 아닌 경영혁신의 한 방법으로 도출한 것임

이렇게 실제 사례를 통해 ABC가 활동의 변화를 일으키는 과정에서 적정한
수주 예상금액 표준과 이를 절감했을 때 보상이 있어야 하는 것도 알았다.

사례분석을 통해 현행 외부보고 목적의 관리보다는 현장중심의 관리가
필요함을 인식하였다.

부동산건설업의 활동회계 시스템 적용을 현행 원가관리제도와 비교하면
다음과 같은 차이점이 있다.

〈현행원가관리제도와 ABC의 비교〉

구 분	현행원가관리제도	ABC 관점
1. 기본가정 및 목적	1) 사후 계산위주 중심 2) 무엇을 하는 데 드는 비용 -각각의 합 3) 원가중심 가격결정	1) 수주 가격결정 후 비용계산 2) '무엇을 하는 데' 및 '무엇을 하지 않는 데' 드는 비용까지 포함하여 활동중심 원가계산 3) 가격중심 원가결정
2. 장·단점	1) 기업외부 재무보고 중심으로 비교적 단순하다 2) 경영자의 의사 결정 시 많은 정보제공이 어렵다.	1) 경영자의 내부자료 및 정보제공이 용이하다. 2) 활동중심의 비용관리는 비교적 복잡하다. 3) 회계 투명성 및 책임회계 인식을 향상 시킬 수 있다.

외부보고 목적의 관리에서 내부 경영자 중심의 정보를 제공하는 장점이 있다. 외부 입찰시 단기 손익분기점 이하의 수주는 배제하고 적어도 직접비 금액 이상의 수주를 하도록 조언 가능하다. 활동기준원가는 단순한 원가통제에 있는 것이 아니라 경영의 비능률과 부가가치가 낮은 활동을 제거하려는 경영혁신 방법으로 도입하는 것이다.

ABC가 기존원가 관리방식보다 우월한 점은 다음의 것들이 있다.

1) 공사 단계별 비교우위 공사종류를 파악 할 수 있다.

2) 경영자의 입장에서 직접비와 간접비를 구분하여 수주 금액을 결정할 수 있다.

3) 제한된 자원으로 최고의 기능을 유지할 수 있는 활동을 선택하도록 한다.(비부가가치 활동제거)

4) 기업외부나 내부에서 회계 용어가 아닌 부동산건설업에서 이용되는

용어로 전달할 수 있어 고객이 이해하기 쉽다

5) 관리변화가 기업의 낭비를 제거함으로 단순히 원가 집계에서 탈피하여 경영혁신 방법으로 채택될 수 있다.

많은 건설업체의 경영성과를 개선시켜 보고자 ABC를 제안했으나, 이는 단순한 원가통제가 아니라 기업의 낭비 활동을 제거시킬 수 있는 경영관리 제도로 받아들였으면 한다.

제2절 한계점

부동산건설업에 있어서 실행예산과 수주금액 등을 활동에 의해 관리하려면 사전에 활동범위와 표준이 설정되고 사후적으로 관리, 평가되어야 하는데 아직까지 표준이 제대로 제시되지 못하고 있다.

또한, 개별기업마다 활동의 구분간위가 상이할 수 있으므로 허용오차 범위를 얼마로 해서 평가를 해야 하는지 등의 한계점이 있다. 간접비 배부 시 활동을 보고 배부해야 하는데 사례연구에서 활동보다 재료비, 노무비 금액을 기준으로 배부하고 활동범위를 구체적으로 제시하지 못하는 한계점이 있다. 부동산건설업에서도 외부보고 목적의 회계에서 내부관리 목적 회계의 한 방법으로 활동기준원가(ABC)를 적용해 보려고 했다는 데 그 의미를 두고자 한다. 처음 의도에서는 모든 공종별 원가와 간접비를 구분하여 명쾌하게 공사비를 계산하고 건설업의 재무구조 개선에 기여할 수 있는 ABC를 소개하고 싶었으나 현실적인 자료수집에서 그 한계를 느꼈다.

부동산건설업에 있어 원가구성비율의 변화가 일어나고 있으므로 기존의 관리방식대로 계속적인 답습에 그치게 되면 생존경영 차원에서 계속 기업으로 살아남기 힘들다는 사실을 깨닫게 한 점도 있다.

공사종류별 원가관리가 효율적이기 위해서는 개별 현장중심의 시스템을 전사적 차원에서 통합할 수 있는 프로그램 개발도 필수적으로 개발되어야 할 부분이다. 부동산건설업에서도 경영관리 의식을 갖고 ABC를 적용해서 공종별 원가를 계산하려고 시도한 데 그 의미를 두고자 할 뿐이다.

향후 공사종류별 활동기준 원가가 좀 더 연구되어 실무에서 효율적으로 사용되고 경영혁신의 한 방법이 되었으면 한다.

참고 논문

<국내 문헌>

1. 단행본

건설기술연구실 엮음, 건설경영개론, 서울대학교 건설기술연구실, 2000년.

건설업 경영분석: 대한건설협회 2002.

국무조정실 조사심의관실, '부패방지 종합대책' 1999년 8월 10p 보도자료.

권석훈, 건설경영실무, 기문당, 2001년.

김민성감수(1998) '경영분석', 새로운 제안, 한국산업은행(1999), 재무분석.

김영진, 부동산 경영론, 한국부동산학회, 부동산 총서Ⅱ, 건설연구사, 1972.

김우영, 건설업에서의 정보관리, 대림기술정보, 통권 제38호 1993.

김인호, 건설경영, 기문당 1999.

김학범, '다품종 주문생산기업에서의 ABC모형 – 사례연구', 회계저널, 제7권
　　　제2호, 1998.

대우건설, 공사실행지침서, 1991.

대한건설협회, 건설업경영분석, 2002.

문영수, 경영전략론의 분류에 관한 이론적 연구, 명지대학교 대학원, 2001.

박형근외 3명, '건설생산선 향상을 위한 설계, 시공정보 통합관리 시스템 개
　　　발(Ⅰ)', 한국 건설기술연구원, 1996.

박재진, 기업의 성장요인에 관한 연구, 동아대학교, 1989.

박홍태외 1명, '주공의 종합공정관리 전산시스템 구축 시안(I)', 대한주택공사주택연구소, 1996.

백종건, '건설기업의 경쟁력 강화를 위한 지식 경영 구축방안', 2003. 3月.

사단법인 한국경영기술 지도사회, 경영기술 지도실무, 2001년.

삼성경제연구소, CEO Information, 1998, 제129호.

송재웅, 건설산업관리, 기문당, 2001.

쇼오지미키오 외1 편저 지상욱 옮김, 건설매니저먼트 원존, 한림출판사, 1997.

신철호, 14가지 경영혁신 기법의 통합 모델(II), 도서출판 서울경제경영, 1999.

신홍철, '관리회계의 혁신', 1993.

신홍철, 관리회계, 경문사, 2001.

안정근, 현대 부동산학, 법문사, 1995.

월간회계, 2003. 6.

윤영식, 부동산개발론 강의 교재, 건국대학교.

이경동, '효율적 회계정보시스템을 위한 결정요인 변수들에 관한 연구', 청주대 박사학위논문, 1999.

이기돈외 3인의 공저, 경영학원론, 형설출판사, 2000.

이상권·유성재, '다품종 소량생산 기업에서의 ABC시스템 모델', 회계학연구, 제21권 제3호, 1996.

이양교·김원규, 「부동산학 개론」 학문사, 1993.

이태교, 부동산 중개론, 화학사 1985.

임상옥, 건설매니지먼트 원론, 한림출판사, 1997.

조동성, 경제 위기에서 벗어나는 길, 도서출판 서울경제경영, 1998.

조영빈·김준환(1998) 현금흐름경영(Total Cash Flow Management), 삼성
　　　경제연구소.

조주현, 부동산학원론, 건국대학교 출판부, 2002.

최덕규, '주물제조업의 ABC시스템의 설계', 회계저널, 제6권 제1호,
　　　1997년 6월.

최동락, 'IMF체제하의 건설업 원가계산의 개선 대책', 대경대학 산업경제연
　　　구 11권 3호, 1998.

함인범, 건설업 경리와 실무, (주)영화, 조세 통람, 2002.

홍성웅(1997), '한국건설 21세기 비젼', 한국건설산업연구원

2. 논 문

고미영 '한국통신원가계산제도의 개선에 대한 연구-활동기준원가계산제도
　　　를 중심으로-', 서울시립대학교 경영대학원 석사학위논문, 1966.

김경래, 건설통합관리시스템구축을 위한 마스터플랜', 21세기 건설관리 및
　　　경영을 위한 국제심포지움 논문집, 한국건설산업연구원, 1996.

김경환, '활동기준원가계산에 관한 연구-현장연구를 중심으로', 전북대학교
　　　대학원 석사학위논문, 1994.

김성열, '컨소시엄의 법적형태 및 운영방식에 관한 방식', 성균관대 경영학
　　　석사학위논문, 1990.

김한선, '활동기준원가계산 및 관리에 관한 연구', 한양대 석사학위논문,

1999.

남규현, '건설사업에서 휴먼웨어, 소프트웨어, 그리고 하드웨어 경영혁신의 상호 메커니즘을 통한 생존경영에 관한 연구', 연세대 박사학위논문, 2000.

문주환, '활동기준원가계산모델을 이용한 은행 원가계산 시스템의 개선 방안에 관한 연구', 서울대학교대학원 석사학위논문, 1995.

박찬정, '일정과 원가를 통합한 건설공사 관리 시스템 구축에 관한 연구', 명지박사학위논문, 1999.

심태섭, '활동기준 회계제도 도입여부가 원가회계정보 이용자의 만족도와 기업성과에 미치는 영향에 관한 연구', 연세대 박사학위논문, 1994.

왕영호, '활동기준 원가관리 기법의 도입이 성과평가 유형과 기업성과에 미치는 영향에 관한 연구', 서강대 박사학위논문, 2000.

윤강철, '건설공사 실행예산 편성을 위한 핵심지식 체계화 연구', 대한건축학회 논문집, 2003. 3.

이동찬, '활동기준원가관리 시스템에 대한 기업내부 고객의 만족도와 경영성과에 관한 연구', 중앙대 박사학위논문, 1997.

이미자, 활동기준원가계산시스템의 경영의사 결정에 미치는 영향에 관한 연구', 서울시립 대학교 경영대학원 석사학위논문, 1997.

이세용, '금융회사의 지점성과평가-ABC시스템 중심으로', 서울대학교대학원 석사학위논문, 1997.

이재욱, '이동통신요금의 효율적 관리 방안-ABC시스템 적용', 중앙대학교 대학원, 석사학위논문, 1996.

이주원, 'ABC의 국내 도입사례에 관한 연구', 이화여대 석사학위논문, 1992.

임영찬, '관광호텔의 활동기준원가계산에 관한 연구', 경기대학교대학원 박사학위논문, 1995.

제태곤외 2명, '원가공정관리 통합 측면에서의 프로젝트 표준 분류체계 정립과 견적방법', 대한건축학 논문집 14권 3호, 1998.

조승제, '활동기준원가계산제도의 분석적 고찰', 세종대학교 대학원 박사학위논문, 1996.

<국외 문헌>

Anderson, Bridget M "Using Activity-Based Costing for Efficiency and Quality(City of Indianapolis, Cover Story), Government Finance Review", vol.9, June 1993.

Anderson, Thomas. "Evolution The Next Step for Activity-Based Management", IIE Solution, June 1995.

Andrews, K. R., The Concept of Corporate Strategy, Irwin, 1965.

Antos, John "Activity-Based Management for Service, Not-for-Profit, and Governmental Organizations", Journal of Cost Management, Summer 1992.

Arnett, Charles Augus, JR, "A Case Study of the use of Activity-Based Analysis as An Information Resource Management Tool", University of North Texas, 1994.

Argyns, Chris and Robert S Kaplan, "Implementing New Knowledge The Case of Activity-Based Costing", Accounting Horizons, September 1994.

Babad, Yair M, and Bala V Balachandran, "Cost Driver Optimization in Activity-Based Costing", The Accounting Review, Vol.18, No.3, July 1993.

Baker, William M Timothy D Fry, Kirk Karwan, "he Rise and Fall of Time-Based Manufacturing", Management Accounting, June 1994.

Balkcom, John E, Christopher D Ittner, and David F Larcker, "Strategic Performance Measurement Lessons Learned and Future Directions", Journal of Strategic Performance Measurement, April/May 1997.

Borjesson, Sofia, "A Case Study on Activity-Based Budgeting", Journal of Cost Management, Winter 1997.

Brimson, James A, "Activity Accounting An Activity-Based Costing Approach", Coopers and Lybrand, John Wiley & Sons, 1991.

----------. Activity-Based Management for Service Industries, Government Entities & Nonprofit Organization, New York John Wiley & Sons, Inc. 1994.

Carlson, David A and S Mark Young, "Activity-Based Total Quality Management at American Express", Journal of Cost Management, Spring 1993.

Chandler, A., Structure; Chapters in the History of American Industrial Enterprise, MIT press, 1962.

Christensen, L F and D Sharp, "How ABC Can Add Value to Decision Making", Management Accounting, May 1993.

Clark, Alex and Alexander Baxter, "ABC+ABM=Action Let's Get Down to Business", Management Accounting-CIMA, June 1992.

Cooper Robin, "The Rise of Activity-Based Costing-Part One What is an Activity-Based-Cost System", *Harvard Business Review*, Summer 1988. *Journal of Cost Management*, Summer 1988.

------------, "The Rise of Activity-Based Costing-Part Two When Do I Need an Activity-Based Cost System", *Journal of Cost Management*, Fall 1988.

------------, "The Rise of Activity-Based Costing-Part Three How Many Cost Drivers Do You Need and How Do You Select Them", *Journal of Cost Management*, Winter 1989.

------------, "The Rise of Activity-Based Costing-Part Four What Do Activity-Based Cost System Look Like", *Journal of Cost Management*, Spring 1989.

David Cadman and Leslie Austin-crowe, *Property Development*, 2nd ed.(London: E&FN. SPCN Ltd, 1983.)

Pain, F. T. and W. Naumes, Strategy and Policy Formation: *An Integrative Approach, Saunders*, 1974.

Steiner, G. A. and J. B. Miner, Management Policy and Strategy, *Macmillan*, 1982.

Hofer, C. W. and D. E. Schendel, Strategy Formulation: *Analytical Concepts, West Publ. Co*, 1978.

L. R. Jauch and W. F. Glueck, Business Policy and Strategic Management, *McGraw-hill*, 1989.

Pearce, J. A. and R. B. Robinson, Competitive Strategy, *Irwin*, 1991.

K. M. Bartol and D. C. Martin, Management, *McGraw-hill*, 1994.

Mintzberg, H., "Patterns in Strategy Formation", *Management Science*, vol.24, 1978.

Schendel, D. and K. Cool, "Strategic Group Formation and Performance", *Management Science*, 1987.

Quinn, J. B. H. Mintzberg, and R. M. James, *Strategy Process: Concepts, Context, and Cases*, *Prentic-hall*, 1988.

Bracker, J, "The Historical Development of the Strategic Management Concept", *Academy of Management Review*, vol.5, 1980.

Hofer, C. W. and D. D. Schendel, *op. cit.*, 1978.

Turney, Peter B B and Bruce Anderson, "Using ABC to Support Continuous Improvement", *Management Accounting*, September 1992.

Raffish, Norm and Peter B B Turney, "Glossary of Activity-Based Management." *Journal of Cost Management*, Fall 1991.

Thomas H Johnson, "Activity-Based Information A Blueprint for World-Class Management", Management Accounting, June 1988.

Wayne K Simpson & Michael Williams, "Activity-Based Costing, Management and Budgeting", The Government Accountants

Journal, Spring 1996.

Steve Coburn, Hugh Grove, & Tom Cook, "How ABC was Used in Capital Budgeting", Strategic Finance; Montvle, May 1997.

Steve Demmy & John Talbott, "Improve Internal Reporting with ABC and TOC", Strategic Finance, Nov 1998.

Peter BB Turney, "Using Activity-Based Costing to Achieve Manufacturing Excellence", *Journal of Cost Management*, Summer 1989.

James A Brimson, Activity-Based Management for Service Industries, *Government Entitise & Nonprofit Organization*, New York John Wiley & Sons, Inc, 1994.

William L Ferrara, "The New Cost/Management Accounting More Questions Than Answers", *Management Accounting*, October 1990.

Ohn K Shank, "Strategic Cost Management New Wine, or Just New Bottles", Journal of Management Accounting Research, Fall 1989. Cooper Robin and RS Kaplan, op.cit.

Peter BB Turney, "Activity-Based Management ABM Puts ABC Information to Work", *Management Accounting*, January 1992.

Michael R Ostrenga & Frank R Probst, "Process Valus Analysis The Missing Link in Cost Management", T*he Journal of Cost Management*.

Wayne K Simpson & Michael Williams, "Activity-Based Costing, management and Budgeting", *The Government Accountant*

Journal, Spring 1996.

Steve Coburn, Hugh Grove, & Tom Cook, "How ABC was Used in Capital Budgeting", *Strategic Finance*: Montvle, May 1997.

Steve Demmy & John Talbott, 'Improve Internal Reporting with ABC and TOC', *Strategic Finance*, Now 1998.

Gary Cokins, Performance Measures and ABC/M: The Flowering of a New Era, *ABC Technologies Inc.*, 1999.

P.B Turney, "Using activity-Based costing to achieve Manufacturing", Emerging practice incost Management, warren, Gorham & Lamont, 1990.

· 저자 ·

이정민(李廷民) ▌약력
건국대학교 대학원 부동산학 박사
한양대학교 행정대학원 행정학 석사(부동산행정 전공)
강원대학교 경영대학 경영학사

경희사이버대학교 자산관리학과 교수
건국대학교, 한성대학교, 한양대학교 대학원 등 강의
광명시 부동산평가위원
LG산전, 한국부동산 신탁(주) 근무
저스트알(주) 부장 근무

▌주요논저
「부동산정책변화에 따른 건설업의 생존경영에 관한 연구」
「부동산투자회사제도와 가치평가합리화에 관한 연구」
「예고된 초강경 부동산대책과 주택시장의 환경분석」
「부동산개발신탁금융의 문제점과 개선방안」
「부동산개발신탁세제의 문제점과 개선방안 연구」
외 다수

부동산 개발업과 건설업의 원가 관리

· 초판 인쇄	2006년 1월 30일
· 초판 발행	2006년 1월 30일
· 지 은 이	이정민
· 펴 낸 이	채종준
· 펴 낸 곳	한국학술정보㈜

경기도 파주시 교하읍 문발리 526-2
파주출판문화정보산업단지
전화 031) 908-3181(대표) · 팩스 031) 908-3189
홈페이지 http://www.kstudy.com
e-mail(e-Book사업부) ebook@kstudy.com

· 등 록	제일산-115호(2000. 6. 19)
· 가 격	25,000원

ISBN 89-534-4668-6 93320 (Paper Book)
89-534-4669-4 98320 (e-Book)